Inge Viett

Cuba libre

bittersüß

Reisebericht

Edition Nautilus

Editorische Notiz: Inge Viett, geb. 1944, in Schleswig-Holstein aufgewachsen, zog 1969 nach Westberlin, wurde Mitglied der „Bewegung 2. Juni"; 1972 und 1975 verhaftet, brach beide Male aus dem Gefängnis aus. Kurze Mitgliedschaft in der RAF, 1982 Übersiedlung in die DDR. 1990 in Magdeburg verhaftet und 1992 zu 13 Jahren Haft verurteilt, 1997 entlassen. Veröffentlichungen bei Nautilus: *Einsprüche! Briefe aus dem Gefängnis* (1996); *Nie war ich furchtloser,* Autobiographie (1997).
Umschlaggestaltung: Maja Bechert

Edition Nautilus Verlag Lutz Schulenburg
Am Brink 10 · D-21029 Hamburg

1. Auflage 1999 · ISBN: 3-89401-340-0
Printed in Germany

Jetzt muß ich hier weg, jetzt muß ich los,
bevor ich zu einem kleinen, harten Betonklotz werde,
zusammengepreßt von dem Nichts nach hunderttausend Worten.
Jetzt muß ich hier weg, jetzt muß ich los,
bevor ich zu einem kleinen, kalten Eisklumpen werde,
gefroren nach der einzigen, ständigen Frage:
Wie weiter?
Also packe ich den Rucksack und laufe fort auf der Suche nach uns Menschen.
Also reise ich nach Kuba. Dahin wo die Internationale mit wiegenden Hüften gesungen wird. Meinen wärmsten Dank an Helene und Karl, die mir diese Aussicht bereits schenkten, als ich noch im Gefängnis war. Dank auch für Deine Großzügigkeit, Kristina.
Nach Kuba. Dahin wo den Kindern zur Nacht ein Schlaflied von Pablo Neruda gesungen wird. Maribel, ich grüße Dich.
Nach Kuba, das 1959 neu geboren wurde und noch lange leben soll.
Zu den Menschen von denen mir Alejo Carpentier erzählt:

Hier hast du sie, sie singen ...! und sie wissen ..., hier werden sich die Lebensmittelläden leeren, die Fahrzeuge werden auf der Straße stehen bleiben, weil es keine Ersatzteile und keinen Sprit mehr geben wird; es wird schwierig werden, sich eine Zahnbürste, ein Schreibmaschinenband, einen Kugelschreiber, einen Kamm, eine Nähnadel, eine Rolle Faden, ein Thermometer zu besorgen, und sie werden weiter singen ... Unter unseren Augen entsteht ein neuer Mensch. Ein Mensch, der, geschehe was wolle, die Angst vor dem kommenden Tag verloren hat.

Kuba –

ein tiefgrüner Erdstrich im Meer, gekrümmt wie ein mildgespannter Bogen, den unruhigen Rücken getreten und gestreichelt vom Atlantischen Ozean, den zottigen Bauch von der Karibik. Kuba die Perle, immer begehrt, gesucht, versucht und heimgesucht von Beutemachern. Es tritt in unsere europäische Geschichte als Beuteobjekt, als ein von Christoph Columbus entdecktes und für die Begierden der spanischen Krone erobertes Inselparadies. Das war 1492, als Europa sich kriegerisch den anderen Welten aufzwang und sich durch Ausrottung und Versklavung der bisherigen Bewohner Herrschaft und Reichtümer sicherte. In Kuba währten der Unterwerfungsschock und der Schock über das tödliche Mißverständnis, die Eroberer seien gesandte Götter, etwa dreißig Jahre.

Mit Hatuey, dem Rebellenführer der Indios, wurden das Selbstbewußtsein und die Würde Kubas geboren, mit ihm nimmt die Geschichte ihren Anfang, die 1959 zu gesellschaftlichen Ehren und Verantwortung kam. Fünf leidvolle Jahrhunderte im Auf und Ab der Befreiungskämpfe mußten vergehen bis zu diesem Sieg. Die Nachfolger Hatueys waren unsterblich. Die Namen Carlos Manuel de Céspedes, Antonio Maceo, José Martí, Che Guevara, Fidel Castro sind nur einige glühende Markierungen im jahrhundertelangen Kampf um Selbstbestimmung und Selbstsein.

Mit welchem Stolz wird die Geschichte des zum Tode verurteilten Rebellenführers Hatuey weitergetragen, der vor seiner Hinrichtung vom Priester bekehrt werden sollte. Ewige Seligkeit und Frieden im Himmel, versprach ihm der Priester, wenn er sich taufen ließe, und der Rebell hörte nachdenklich zu. Dann fragte er interessiert, ob auch die spanischen Christen in den Himmel kämen. Als er aber die Antwort hörte, rief er entschieden: „Dann ziehe ich die Hölle vor."

Wenn die Quiché-Indianer in andere Gebiete ziehen mußten, luden sie sich ihre Götter auf den Rücken und nahmen sie mit auf ihre Wanderung in die unbekannten Regionen. Kuba ist auf einem schweren Weg in eine unwägsame Zukunft. Hat es seine Götter im Gepäck?

Auf meiner Reise durch Kuba stellte ich fest, daß es eine charakterliche Ähnlichkeit zwischen der Naturgestalt eines Landes und der Wesensgestalt seiner Bewohner geben muß. In Deutschland zum Beispiel gibt es geschlossene, kompakte, sich stark abgrenzende Landschaftsformen. Die granitenen Alpen, der düstere Schwarzwald, große Wälder, wenig gemischt und abrupt begrenzt von geordneten Feldern und eingezäunten Wiesen. In Kuba tanzt alles durcheinander. Es gibt, mit Ausnahme der Mangrovensümpfe, keine Wälder. Die Landschaften vermischen und verwickeln sich genau wie die Menschen. Überall stehen Bäume, allein oder in kleinen

Gruppen, aber sie weigern sich, wieder zu Wäldern zu werden. Das ist nicht naturgegeben, die Wälder wurden von den Kolonisatoren abgeholzt und nach Europa verschifft, wo sie hohen Profit erbrachten, denn es waren Edelhölzer von großer Schönheit und Qualität. Die Insel hat dschungelartige Gebiete, aber es ist kein undurchdringlich feindlicher Dschungel, ihre Berge sind nicht graniten und unbezwingbar, sondern weich gerundet und mit einer grünen Samthaut bekleidet. Und doch boten sie der Guerilla Schutz und Lebensmöglichkeit. An den Küsten Kubas weigert sich das Land, dem Meer zu weichen, und das Meer ignoriert die Anwesenheit des Landes. Weite Gebiete sind von unbegehbaren Mangrovenwäldern besetzt: der Wasserwald. Seine Wurzeln liegen tief im Wasser und ragen gleichzeitig hoch aus ihm heraus, sperrig miteinander verknotet, ein knorriges undurchdringliches Gewebe, nur für Fische und andere Wassertiere passierbar.

Die paradiesische Insel Jutías auf der atlantischen Seite der Provinz Pinar del Rio wird gerade ihrer Ursprünglichkeit entrissen und nach touristischen Erfordernissen umgeformt. Ein aufgeschütteter Damm verbindet sie mit dem Festland und führt durch Mangrovensümpfe an ihre Nordküste, wo die Mangroven abgeholzt und ausgerissen sind. Ein strahlendes, türkisfarbenes Meer, weißer schimmernder Strand, manchmal von alten bizarren, irgendwie vergessenen Mangrovenwurzeln markiert, als wolle der Wald an seine ehemalige Existenz erinnern. Der Sand so heiß, daß die Fußsohlen brennen, und übersät von prähistorischen Gesteinsresten mit wundersamen, rätselhaften Gebilden, Muscheln und Korallen, die das Meer in immer neuen

Kollektionen ans Ufer spült. Und noch etwas entdecke ich auf meinen Spaziergängen. In endlos langen grünen, teilweise blühenden Ranken fingert sich der beschnittene Mangrovenwald wieder seinem Element, dem Wasser, zu. Wie eine Guerillaschar kommen sie grün und geschmeidig aus der Erde und aus dem Mutterwald, überwinden die freien Flächen in langen geraden Schritten und schieben ihre Spitzen über den Strand dem Wasser zu. Noch sieht es aus, als hätten sie eine Chance, aber der Schein trügt, die Kultivierung hat unaufhaltbar begonnen, die Verwandlung des Paradieses in eine Simulation des Paradieses.

Die Natur in Kuba ist liebenswürdig wie seine Bewohner. Schön, offen, stolz und zäh, fließend, intensiv, üppig und nicht immer überschaubar. Es gibt Oasen der Unzugänglichkeit, wie etwa die Sümpfe, die sich der Annäherung verweigern.

Überwältigend ist die Durchquerung der Sierra del Escambray von Trinidad nach Santa Clara. Wir sind im offenen Wagen unterwegs und fahren ganz langsam, gefesselt von der vor uns ausgebreiteten Schönheit der Täler und Berge. Alles liegt in tiefem hundertfach spektrierten Grün, in hundertfacher Gestalt vor uns. Die Berge in ihren weichen gerundeten Formen sind eingehüllt in Lianen, riesige Gräser, Pflanzen, Büsche und Schlingen, unter denen sich die Bäume verbergen, nur als schwache Konturen noch sichtbar. Und immer ragt die königliche Palme aus allem heraus, höher und stolzer als jeder andere Baum zeichnet sie das Landschaftsbild, versüßt es. Sie ist die Blume der Bäume und liebt es nicht, ihre Schönheit in der Menge zu verstecken, sie beansprucht ihren Platz für sich allein, um zu strahlen.

Manchmal stehen sie zu zweit, aber nicht zu nah beieinander, die Palme will nicht teilen. Es gibt unendlich viele Palmenarten auf Kuba, aber ich spreche von der Königspalme, dem Nationalbaum, und ihrer immer schwangeren Schwester, der Flaschenpalme, die im unteren Drittel des Stammes ihr Wasser vorrätig hält. Sie sind im ausgewachsenen Zustand hoch, unberührbar und verweigern dem Erhitzten den Schatten.

Meine Reise fand in der Regenzeit statt, aber der Himmel geizte mit seinem Wasser. In den Parks der Städte glühte der feuerfarbene Flamboyant und der Goldregen strahlte so hell wie die Mittagssonne. Oft standen diese sprühenden Bäume zusammen und neben ihnen die Palme. Zusammen waren sie wie ein leuchtender, zum Himmel ragender Blumenstrauß.

Ankunft

Um Mitternacht waren wir in Havanna gelandet. Beim Anflug auf die Stadt ließ mich die spärliche Beleuchtung zweifeln, ob wir uns überhaupt schon über Havanna befanden. Die Stadt hatte sich mit Dunkelheit bedeckt, stellte sich schläfrig. Der Blick von oben konnte nichts erfassen von den Riesengebärden, den Riesenausmaßen dieser Stadt, die seit 1607 Herz und Kopf der Karibikinsel ist, aber von der Revolution zunächst nicht mehr als Zentrum des Landes akzeptiert wurde, weil sich die Unterdrückung, die Herrschaft und ihre Verkommenheit, die Tortur und das Leiden ihre Paläste und Festungen errichtet hatten, weil hier die schmarotzenden Schichten ihren Vergnügungen und ihren Verbrechen nachgegangen waren. Havanna war die stets loyale, luxuriöse Kurtisane des spanischen Hofes, die im zehnjährigen Unabhängigkeitskrieg gegen Spanien die Rebellen denunziert und der spanischen Krone ausgeliefert hat. Havanna, seit dem Ende des 19. die modernste, seit Anfang des 20. Jahrhunderts unter der Regie von Nordamerika, die verruchteste Stadt Lateinamerikas. Und immer war diese Stadt der Wasserkopf, der das Land aussaugte! Riesige Hotels, Kinos, Bordelle, Banken, Kaufhäuser, billige Mietshäuser. Die wohlhabenden Schichten und die neureich Gewordenen besiedelten die Vororte Miramar und Vedado. Die Altstadt war nun bewohnt von der verelendeten schwarzen Bevölkerung, zusammengedrängt lebten sie unter völlig unzureichenden sanitären Verhältnissen, für die sich niemand verantwortlich fühlte. Die alte Stadt verfiel. Und dann wurde Havanna nach dem Sieg der Revolution lange mißachtet, eine Strafe für ihre jahrhundertelange „Sündigkeit". Alle Energien wurden in die soziale und ökonomische Entwicklung auf dem Lande gesteckt, die Erhaltung und Erneuerung Havannas wurden zweitrangig behandelt. Aber Havannas Pulsschlag blieb immer klangvoll. Den Liebesentzug ignorierend sog es die neue revolutionäre Zeit, die neuen Melodien und Rhythmen in sich auf und blieb das Herz Kubas. Obwohl heute in Kuba äußerste Anstrengungen unternommen werden, um Havanna vor dem Verfall zu retten, liegt ein pompejischer Atem über der Stadt. Zusammengestürzte Straßenzüge, gerissene Fassaden, verwahrloste Höfe und Häuser warten in der Hitze auf ihre Rettung oder Beseitigung.

Der Flughafen José Martí riecht nicht nach Süden, nicht nach Karibik, sondern nach internationaler Moderne. Kühl und rational. Er ist von funkelnder Frische und mit kanadischer Unterstützung erbaut. In der Ankunftshalle drängen sich erwartungsvolle Menschen. Wir suchen eifrig nach Miguel, der uns abholen will. Er ist nicht da und nach einer Stunde sind wir sicher, daß er auch nicht mehr kommt. Also werden wir uns allein zurechtfinden. Wir sammeln unser umfangreiches Gepäck zusammen und überlassen es dem Taxifahrer, uns vor dem richtigen Haus abzusetzen. Der Schritt aus dem temperierten Flughafengebäude heraus in die nachtfeuchte Wärme, in die Geräusche und Gerüche südlicher Breiten, läßt eine alte Erinnerung an Aden und Bagdad in mir wachwerden. Der Aufprall glühender Sonnenstrahlen auf die trockene Erde und das allnächtliche Erbarmen der kühlenden Dunkelheit bringen überall Gerüche gleicher Art hervor: das lange Ausatmen der üppigen Natur, der erhitzten Steine und Gemäuer, der Dunst sich abkühlender Erde, dazwischen ein Hauch von Verwesung, von Brand und schlechtem Benzin. So fahren wir also durch die Nacht voller fremder Konturen in den Vorort San Augustin und klopfen unsere kubanischen Freunde aus dem Schlaf.

Havanna zu beschreiben, die Topographie des Verfalls und des Erhaltenen, die üppige Vegetation und die Kahlheit langer enger Gassen, die Dynamik der Bewegungen zu den verschiedenen Stunden und Anlässen, bedarf der Ergründung des kubanischen Lebensrythmus. Ich weiß noch nichts und bin mit einer Babysprache unterwegs, mit Augen, die sich in der Fülle des Neuen beschränkt zeigen, mit einem Körper, der in ermüdender Anstrengung mit der Hitze zu kämpfen hat, und der sich wehrt gegen die an ihm klebenden Kleidungsstücke. Die ersten Tage vergehen mit Akklimatisierungsproblemen und dem Bemühen, einen Durchblick für die nötigste Organisation des Alltags zu bekommen. Wir wohnen bei Miguel und Alicia, ihr Viertel liegt weit außerhalb des Zentrums, abseits der Tourismuseinrichtungen, die dem Europäer alles Gewohnte bieten, einschließlich Schutz vor der Hitze, welche mich, so kommt es mir zu Anfang vor, schier umzubringen sucht.

Miguel und Alicia sind Lehrer. Sie haben uns zwei ihrer drei Zimmer freigeräumt, jeder Protest ist nutzlos. In großer Freundlichkeit und Selbstverständlichkeit teilen sie eine Woche lang mit uns, was die derzeitige wirtschaftliche Situation in Kuba der Bevölkerung bieten kann. Das sind die *Libreta*-Rationen für zwei Personen, die staatlich garantierte Versorgung der Grundbedürfnisse. Ich bin etwas verunsichert und eingeschüchtert in den ersten Tagen. Wir wollen dies und jenes zum Haushalt beitragen, nicht nur den Rum am Abend. Aber wo gibt es was? Wo Brot, Nahrungsmittel, Obst? Ich habe immer Durst, manchmal Hunger, und wir wissen noch nicht, wie die notwendigen Dinge zu handhaben und zu organisieren sind. Wir verstopfen in unserer Unwissenheit das Klo, es gibt nicht immer Wasser, auch nicht immer Strom. Das sind keine besonderen Probleme, es ist das kubanische Alltagsleben, das wir noch nicht kennen. Die kubanische Gesellschaft hat ihre Geheimnisse, die sich Fremden in dem Maße erschließen, wie sie zu Freunden werden.

In Europa gehst du durch die Straßen und siehst was es gibt, alles ist sichtbar, du mußt nur zugreifen und bezahlen. In Kuba mußt du herausfinden, mußt du wissen, was möglich ist. Nach wenigen Tagen können wir bereits wichtige Dinge entziffern, dank Miguel. Er weiht uns mit stiller Zurückhaltung in viele Geheimnisse des täglichen Lebens ein. Zwei Tage lang begleitet er uns überall hin, er möchte Beschwernisse von uns fernhalten, zeigt uns die nationalen Markthallen, wie das Busfahren funktioniert, erklärt uns den Unterschied zwischen staatlichen und privaten Taxis, informiert uns über

Preise und Kurse auf den Schwarzmärkten und den offiziellen Märkten. Auf dem Bauernmarkt laden wir uns die Rucksäcke voll: Mangos, Bananen, Paprika, Zwiebeln, Avocados, Reis, Papayas. Wir haben Glück, unsere Reise fällt in die Erntezeit der köstlichen tropischen Früchte. Es gibt zur Zeit fast alles, was überhaupt in Kuba wächst. Ich komme nicht aus dem Staunen heraus. Wie hatte ich mir den Mangel hier vorgestellt? Der Mangel in Kuba ist kein Elend, er ist ein Problem, ein ständig neu zu lösendes. Miguel muß jedes Stück Obst planen, er ist Lehrer und verdient 200 Pesos im Monat. Für uns ist alles so billig, 4 Pesos für ein Pfund Reis, das sind für uns 40 Pfennige. Draußen vor der Markthalle bietet ein junger Bursche uns für vier Dollar ein gerade geschlachtetes Huhn an. Sollen wir es kaufen? Ist das korrekt? Wir fragen Miguel. „Na klar, so eine Gelegenheit, heute Abend machen wir ein tolles Essen daraus."

Wir wollen ins Zentrum, um ein paar Dinge zu organisieren, die hier im Viertel nicht zu finden sind und wir sind begierig darauf, einen ersten Blick ins Innere der Stadt zu werfen. „Mit dem Bus?" Miguel schaut uns an, als hätten wir etwas Unrealisierbares vorgeschlagen und meint, schon für ihn sei der Bus täglich zur Arbeit eine Herausforderung, aber das sei morgens früh, wenn die Sonne noch tief stände, besser wäre, wir nähmen ein Taxi. Wir nehmen den Bus. Damit wir wenigstens einen Platz kriegen, geht Miguel mit uns zur Endhaltestelle. Ein Fußmarsch von fünfzehn Minuten, die wenigen Kleidungsstücke kleben schon durchnäßt auf der Haut, obwohl alle unsere Bewegungen sehr verlangsamt sind. Ich fürchte, die Sonne hat mich erledigt, bevor ich den Bus erreiche. Vor meiner Abreise hatte ich mir wunderschöne lange Wandertouren durchs Land und durch die Berge vorgestellt, solche Wünsche kommen mir jetzt absurd vor. Und tatsächlich habe ich sie wegen der Hitze nicht ein einziges Mal realisieren können. Es ist die heißeste Zeit in Kuba und in diesem Jahr gar extrem. In der Provinz Oriente herrscht bereits Dürre und sie kommt auf Havanna zu. *Que calor!* Was für eine Hitze! Das ist der Seufzer nach jeder Begrüßung.

Natürlich stehen schon viele Leute an der Endhaltestelle. Wir stellen uns zu der Menge und Miguel ruft laut: *„Ultimo?“* Eine Hand hebt sich und Miguel schaut sich die Person an. Wenn der Bus kommt wird er nach ihr einsteigen. So gibt es kein Geschiebe und Vordrängen beim Einsteigen. In der Regel respektieren die kubanischen Menschen den Platz des Anderen. Dieser Respekt, dieser Takt der Leute untereinander beeindruckt mich angenehm.

Die Stadtbusse sind ziemlich zuverlässig und regelmäßig, aber sie fahren nicht oft genug, sind der Mobilität von über zwei Millionen Habaneras nicht gewachsen. Endlich kommt dieses lärmende und schnaufende Busungetüm. Das *Camello* mit einer uralten traktorartigen Zugmaschine, die dicke stinkigschwarze Rußwolken aus einem schornsteinartigen Auspuff ausstößt, nicht selten genau in den Fahrgastraum hinein, wenn nämlich die Zugmaschine eine scharfe Rechtskurve nimmt. Einmal setze ich mich hocherfreut und schnell, damit mir niemand zuvorkommt, auf den einzigen noch freien Fensterplatz an der Stirnseite. Gerade wundere ich mich noch über mein Glück, als das *Camello* in die Kurve geht und dabei beschleunigt. Das Auspuffrohr erscheint genau vor meinem offenen Fenster, als wolle es mal schnell hereinschauen, und ehe ich begreife, bläst es mir wie ein wütender Donnergott seine üble Dreckwolke ins Gesicht. Ganz schnell verlasse ich den Sitzplatz und ziehe es vor zu stehen. Im Fahrgastwagen ist viel Platz für Stehgäste. Die paar Sitzplätze sind im Grunde nur für Bedürftige, Kinder, Mütter mit Kindern oder ein paar Glückliche da. Die *Camellos* befahren die Außenbezirke und heißen so, weil die Busenden wie zwei Höcker erhöht sind. Mir kommen sie eher vor wie diese dicken Raupen, die sich nur ständig neu krümmend vorwärts bewegen können.

Bereits an der zweiten Haltestelle denke ich entschieden: der Bus ist voll! Wir stehen schon Haut an Haut, die Schweißtropfen verbinden sich mit den Schweißtropfen der Nachbarinnen und Nachbarn. Ich mache mich ganz dünn, halte den Atem an, die Stadt ist noch weit, ich ergebe mich der Situation und schaue, wie die anderen mit ihr zurechtkommen. Die Glücklichen mit einem Sitzplatz nehmen den Stehenden das Gepäck ab. Ich sehe einen Arbeiter mit drei großen Taschen auf dem Schoß, einen Eimer Farbe und einen Sack Reis zwischen den Beinen. Ein junger Soldat klemmt sich herein und jemand ruft: „Niño, gib mir deinen Rucksack!“ Er wandert über die Köpfe auf einen freien Schoß. An jeder Haltestelle steht wieder ein Haufen Leute, ich weiß nicht, wie sie es machen, aber sie passen immer noch rein. Der Schaffner drückt sie von außen hinein, drinnen wird gezogen, unter ständigem Rufen, doch noch zusammenzurücken, und jeder findet noch einen Zentimeter, den er abgeben kann. 37 Grad Hitze im Schatten. Ich stelle mir diese Situation in Deutschland vor. Amokläufer würde sie hervorbringen. Die

Kubanerinnen und Kubaner unterhalten sich lachend, schreiend, singend, hören Musik mit Kopfhörern, nicht selten läuft ein Radio oder Kassettenrecorder. Wenn sie einmal im Bus sind, unterhalten sie sich und denken nicht daran, sich die Laune verderben zu lassen durch eine Situation, die nun mal ist, wie sie ist. Die erste Fahrt habe ich mit reichlich Streß und Berührungsangst durchgestanden, aber dann habe ich mich von der Atmosphäre im Bus anstecken lassen und mich einfach entspannt. Manchmal gehörte ich auch zu den Glücklichen mit einem Sitzplatz, dann konnte ich meine Augen in Ruhe aus dem Fenster schweifen lassen und die Menschen und die Stadtlandschaft genießen.

Bei diesem Gedränge begehen die kubanischen Männer keine Respektlosigkeiten, keine Belästigungen gegen uns Frauen, sie befummeln und betatschen uns auch auf engstem Raum nicht. Sie sind in ihrem Rollenverständnis klare Machos, daran hat das Selbstbewußtsein und die Unabhängigkeit der kubanischen Frauen seit der Revolution nicht viel ändern können. Dennoch gibt es zwischen den Geschlechtern eine neue Qualität. „Wenn du geil bist, mußt du Bus fahren“, diesen Männerspruch hatte Charlotte aus Nicaragua mitgebracht und die wüste Erfahrung, daß es dort für die Frauen eine Zumutung ist, in ebenso überfüllten Bussen zu fahren. Und wer kennt solche Unverschämtheiten nicht auch in unseren Breiten. Von den kubanischen Männern ist so etwas nicht zu befürchten, sie sind nicht anzüglich, sie nähern sich den Frauen mit offener Selbstverständlichkeit und Unverklemmtheit, aber sie überschreiten nicht die Grenze der Diskretion, werden nicht taktlos und frech, wenn sie zurückgewiesen werden, sie akzeptieren den Willen der Frau – jedenfalls im öffentlichen Raum, im öffentlichen Umgang. Ich habe Seufzer der Enttäuschung von vielen Kubanerinnen gehört, daß es in der Ehe viel komplizierter ist, daß sie ihre Souveränität dort ständig neu behaupten müssen und nicht selten wieder in ihre alte Frauenrolle fallen und sich erschöpft ergeben.

Am Strand

In trotziger Verweigerung, die für Touristen hergerichteten Orte anzunehmen, machen wir uns auf, Havannas einheimische Strände im Westen der Stadt zu suchen. Es dauert uns zu lange, bis der Bus kommt, und wir wissen auch nicht recht, welchen wir nehmen müssen und wo genau eigentlich unser Ziel ist. So winken wir ein Taxi. Es ist mehr als fünfzig Jahre alt, die Sprungfedern der Sitze sind alle herausgenommen, vermutlich damit sie mit ihren störrischen Spitzen keinen Schaden anrichten. Überhaupt gibt es keine Verkleidung und keine Polsterung. Fenster auch nicht, aber es regnet ja nicht. Die Türen schließt der Fahrer ganz vorsichtig von außen, dann fährt er schwatzend und singend mit uns durch die Stadt. Er fährt sehr, sehr langsam. Fahrräder, Busse und Pferdekarren ziehen an uns vorbei. Wie gut, daß wir es nicht eilig haben. Er klagt zwischendurch über tägliche Probleme ... keine Ersatzteile, kein Benzin, alles schwierig, schwierig ... aber schließlich hätte er sich das selbst ausgesucht. 1990 hätte er sich anders entscheiden können. Da hatte er für einen Tag die Chance, durch eine andere Tür zu gehen als die, die nach Havanna führte. Er war als Ingenieur aus Moskau zurückgerufen worden und mußte in Kanada zwischenlanden. „Nur ein paar Schritte, nur eine Entscheidung und ich hätte nach Toronto hineinspazieren können ...“ sagt er, „stattdessen plage ich mich jetzt hier, aber ich gehöre hierher, ich bin Kubaner.“

Die Strände im Westen der Stadt sind nicht so weiß, nicht so ausgedehnt und palmenbepflanzt, wie die Touristenstrände, aber sie sind auch schön. Grasbewachsene Liegeflächen mit ausladenden Bäumen. Groß genug, daß ganze Sippschaften darunter Platz im Schatten finden. Die Kubaner suchen immer die Nähe zueinander. In welchem Teil Kubas ich auch das Meer genossen habe, überall ist mir dieses Bild badender Leute begegnet: sie stehen oder spielen in Gruppen zusammen im Wasser, als würden sie Versammlungen abhalten, oder als hätten sie Sorge, einander in der Weite des Meeres zu verlieren.

Wieder haben wir vergessen, uns Wasser mitzunehmen. Das ist sträflich bei dieser Hitze, und die Hoffnung, etwas kaufen zu können, ist unangebracht. Es gibt sehr wohl auch an den kubanischen Stränden kleine Bars, Kioske, Cafés etc., aber wir bekommen da nur Rum und kaltes Wasser aus dem Hahn, vor dem wir uns noch wegen möglicher Darminfektionen fürchten. Wir haben schrecklichen Durst. Charlotte geht auf die Suche und kommt mit der verheißungsvollen Information zurück: Es gibt hier irgendwo Bier direkt aus dem Kessel, allerdings nicht für Touristen, sondern nur auf Marken. Wir lassen uns nicht abschrecken und machen uns auf die Suche. Ganz versteckt über mehrere Hinterhöfe finden wir in einem Schuppen den Bierausschank. Zwei junge Burschen bedienen den Kessel und füllen literweise Bier in mitgebrachte Eimer, Kanister, Flaschen, Becher etc. Wir haben gar nichts mit, aber einen ganz trockenen Hals. Die beiden Burschen haben Mitleid und sind bereit, uns für drei Peso einen Liter Bier zu verkaufen. Aber wohin damit? Wir wollen es mit an den Strand nehmen. Der Kubaner füllt das Litermaß und sagt, „dann müßt ihr das jetzt gleich trinken". Wir tun es, und wir tun es ganz schnell, denn das Maß hat im Boden ein Loch, aus dem unentwegt das gute Bier herausläuft. Wir trinken um die Wette, damit es nicht buchstäblich im Sande verrinnt. Und dann sind wir ganz schnell ganz tief blau. Mit schrägen Augen und in Hochstimmung laufen wir zum Wasser zurück, das nur wenig kühler als unsere Haut ist. Nicht immer haben die Kubaner uns das Kesselbier verkauft, nicht mal für Dollars. Manche haben uns strikt übersehen, weil wir keine *Libretas,* die kubanischen Lebensmittelkarten, hatten und uns nichts zustand. Das haben wir natürlich respektiert. Die Leute am Strand sind verwundert, warum wir nicht an den kristallschönen Stränden im Osten der Stadt oder in Varadero sind, aber wir wollen in Kuba sein und dort sind nur Tourismusenklaven.

Nach einer Woche verlassen wir Havanna. Ich bin angefüllt mit vielfach überlagerten Impressionen. Die Stadt liegt riesenhaft und unbegriffen in mir. Ich weiß, daß ich noch ein paarmal zurückkehren muß, um genauer über sie sprechen zu können, sie zu mögen jenseits ihrer Exotik. Doch in diesen wenigen Tagen ist mir schon andeutungsweise begegnet, was es an Faszination, Erstaunlichem, sich Widersprechendem, Hoffnungsvollem und Hoffnungslosem in dem Land gibt. In Miguel sehe ich die Hingabe und Gläubigkeit an die revolutionären Ideale, an Che, an Fidel, die er seinen Schülern weitergibt. Miguel glaubt an die Jugend als Subjekt der revolutionären Weiterentwicklung, auch wenn Alicia, seine Frau, ihm sagt: „Du träumst, mein Lieber, die Jugend will Dollars sehen und schert sich nicht mehr um Che's Projekt vom neuen Menschen." Diese beiden jungen Compañeros, Alicia und Miguel, aufgewachsen im zweiten und dritten Jahrzehnt der Revolution, die Aufstieg und Absturz des Sozialismus erlebten, sind sie eine Ausnahme, oder sind wir bei der ersten Begegnung gleich auf die wahren kubanischen Revolutionäre gestoßen, auf den neuen Menschen? Wir sehen Miguel kochen, die Wohnung saubermachen, waschen, einkaufen, während Alicia irgendetwas anderes tut oder auch nur mit uns schwatzt.

Die erste Woche in Havanna hatte meine Sinne fast überfordert, vieles blieb unbestimmbar, konnte ich nicht einordnen. Doch ein klarer, immer präsenter Eindruck war der, daß die Kubaner sich als selbstbewußte Menschen begegnen, hilfsbereit und aufeinander bezogen. Mein Eindruck wurde aus vielen alltäglichen, kleinen Gesten und Begebenheiten gespeist: Die Situationen im Bus, ein Betrunkener fällt und viele Hände stellen ihn wieder auf die Beine, der Respekt vor den Alten, ihre Offenheit, die Art wie sie zuhörend miteinander sprechen, sich beraten und aushelfen. Ihr Leben ist nicht einfach, das hab ich bereits nach wenigen Tagen gesehen, aber ihre Seelen wirken leicht.

Pinar del Rio

Mit drei großen Gepäckstücken und – was mich betrifft – mit hohem Fieber steigen wir in der Vormittagssonne die Böschung zur Autobahn hoch, reihen uns ein in die Menge der schon Frühergekommenen, die mit einem Zwanzigpesoschein in den winkenden Händen die herанfahrenden Autos zum Anhalten auffordern, und tun es ihnen nach. Wir wollen per Autostop von Havanna nach Pinar del Rio kommen. Es wäre viel interessanter und auch nicht teurer gewesen, hätten wir den zweimal täglich fahrenden Bus genommen. Unsere Informationen, es führen keine Busse, waren überholt, stammten aus der ganz harten Zeit zwischen 1993 und 1996, als die öffentliche Personenbeförderung wegen äußerster Treibstoffknappheit fast gänzlich zusammengebrochen war.

Meistens sind es Lastwagen, die anhalten. Es ist oft schwierig, sie zu erklettern. Ich sehe, wie die Leute von oben die Zusteigenden einfach an den Armen packen und auf die hohe Ladefläche ziehen, nachdem Gepäck, Fahrräder, Möbelstücke, Reis- und Kartoffelsäcke, Viehzeug auf den Laster gehievt sind. An der Autobahn gibt es keinen Schatten, manche sitzen schon ermüdet am Fahrbahnrand. Ich fühle mich wie im Schlund eines Ofens, weil die Sonne so ungehindert herunterbrennt und meinen Kopf noch mehr zu einer fiebrigheißen Höhle macht. Dann trete ich einfach ein bißchen weg, schaue mir das Leben um mich herum an wie einen Film und bereite mich gerade auf einen Tag an der Autobahn vor, als ich Charlotte zu einem wartenden Lada laufen sehe. Nun gut, sie hat fünf Dollar pro Person ausgehandelt, unser Zwanzigpesoschein wird ignoriert. Es ist nicht zu verbergen, daß wir Ausländerinnen sind und Dollars haben. Mein schlechtes Gewissen gegenüber den schon viel länger Wartenden beruhigt sich schnell in der Bequemlichkeit des PKWs und der Aussicht, in zwei Stunden in Pinar del Rio zu sein. Schließlich bin ich unschuldig daran, nicht in Kuba geboren zu sein. Nahezu zweihundert Kilometer kubanische Landschaft fliegen an mir vorüber, während sich in meinem Brustkorb ein Katarrh ausbreitet. Die Bronchien fangen Feuer und der Fahrtwind gibt meinem Fieberkopf den Rest.

Die Autobahnen in Kuba sind Verkehrsadern, auf denen sich jeder nach seinen Möglichkeiten fortbewegt. Zu Fuß, mit dem Fahrrad, auf Pferd, Esel, Ochsenkarren, mit der Pferdekutsche, dem Moped, Motorrad, PKW, LKW und dem Omnibus. Alle nehmen aufeinander Rücksicht. In Kuba ist noch die Transporttechnik eines ganzen Jahrhunderts in Kraft. Wieder in Kraft. Unser Lada überfährt keinen Hund und kein Huhn, obwohl auch sie auf der Autobahn herumstreunen. Vor dem Hotel Pinar del Rio am Eingang der Stadt werden wir abgesetzt. Den Rest des Tages habe ich im Bett verbracht.

Meinen ersten Spaziergang durch Pinar del Rio machte ich auf noch zittrigen und sehr langsamen Beinen, immer den Schatten suchend. Ich mochte die Stadt sofort, sie machte auf mich einen familiären Eindruck, schon bei einer zweiten Begegnung auf der Straße, im Geschäft, grüßten mich die Leute wie eine alte Bekannte. Oft fragte ich mich: Würdest du hier bleiben wollen? In Havanna sind mir diese Gedanken nicht gekommen, da fühlte ich mich, wie sich Fremde allgemein fühlen: als Vorbeiziehende. Aber diese helle, farbige Provinzstadt, mit ihrem dichten Stadtkern von üppiger kolonialer Architektur und den um ihn herumgruppierten schlichten Wohnvierteln mit umgrünten, umblühten Ein- und Zweifamilienhäuschen, geschwisterlich aneinander oder übereinander gebaut, hier konnte ich mir vorstellen, leben zu wollen. Dieses konzentrierte Nebeneinander von kolonialer Vergangenheit und Gegenwart der kubanischen Gesellschaft! Dieser Gegensatz von zu Stein gewordener exklusiver Verschwendung und das tägliche Schaffen zur Befriedigung der Grundbedürfnisse! Diese dominierende lebendige Gegenwart in den Gehäusen einer toten Vergangenheit!

Die Atmosphäre dieser Kontraste empfinde ich wie eine gewisse Zeitlosigkeit, die auch die Zukunft auf Abstand hält. Sie gibt der Stadt ein Flair von ewigem Dasein. Auch in Havanna hatte ich an manchen Orten das Empfinden, der Ewigkeit begegnet zu sein. Nicht dort, wo die Vergangenheit durch Restauration museal gemacht worden ist, sondern dort, wo unter kolonialen, bereits geborstenen und dem Ruin verfallenen, aber immer noch gewaltigen Säulen von großer Schönheit die Leute ihre Fahrräder und Autos reparieren, alte Bücher verkaufen, Mangos und Limonen anbieten, Schach oder Domino spielen.

Auf jeden Fall kann ich Roberto gut verstehen, der sich hier in Pinar del Rio niedergelassen hat, hier, wo Elena, seine Frau, geboren und aufgewachsen ist. Elena war drei Monate in der Bundesrepublik Deutschland gewesen, für immer dort leben oder ihr Kind dort aufwachsen lassen zu müssen, würde sie unglücklich machen. Drei Monate reichten aus, sie die unangenehmsten Seiten Deutschlands erfahren zu lassen, Rassismus und Kälte. Tief erschrocken wurde sie in der U-Bahn Zeugin eines Überfalls von Jungfaschisten auf einen alten Mann aus Vietnam und der Passivität der übrigen Fahrgäste. „Niemals“, sagte sie, „wäre das hier möglich, daß dem Geschlagenen keiner zu Hilfe kommt.“

Sie hatte in einer Wohngemeinschaft in Berlin gelebt, in der jede Mitbewohnerin ihr eigenes abschließbares Kühlschrankfach, eigenes Essen, eigene Getränke hatte. Sie wollte so gerne gemeinsam kochen und essen, aber das wurde als unangebracht empfunden. Sie befand sich plötzlich in einer Welt zusammenhangloser Einzelwesen, jedes getrimmt, mit der Welt allein fertig zu werden, allein zu genießen, allein zu leiden, mit dem eigenen guten Recht allein sitzen zu bleiben.

In ihr Haus in Kuba kommen viele Deutsche, denn Roberto ist der Vertreter der kubanisch-deutschen Freundschaftsgesellschaft und kümmert sich um die Brigaden, die aus diesem oder jenem Grund nach Pinar del Rio kommen. Nicht immer sind es Compañeras und Compañeros, oft nur ganz nervige Chauvinisten, die Kuba das Heil von Pluralismus, westlichem Freiheitsverständnis und westlichem Fortschritt bringen wollen.

Was mir an Elena zuerst aufgefallen ist, was ich interessiert beobachtet habe, ist dieser Blick, mit dem sie uns und alle Deutschen, die in ihr Haus kamen, anschaute: distanziert, forschend und mit Vorbehalt. Bis sie sich etwas spöttisch, aber warmherzig und aufmerksam einem zuwendet, und dann weiß man, daß sie nichts von ihren schlechten Erfahrungen in einem entdeckt hat, sie ist bereit, Freundschaft zu schließen.

Wir bewohnen die eine Hälfte des Hauses, Elena und Roberto die andere. Das Haus gehört aber seit der Revolution Josefa, unserer Nachbarin zur Rechten. So sind wir Compañeras von Elena und Roberto, aber Gäste von Josefa und Miriam, ihrer Freundin. Mein Husten ist immer noch fürchterlich und in der Nacht erschrecke ich die Schlafenden. Am Morgen kommt Josefa mit einem Elixier aus frischen, im Viertel gesammelten Heilkräutern an mein Bett. „Kindchen, du mußt das jetzt runterschlucken." Ich trinke es widerstandslos, weil ich denke, daß es schlimmer nicht werden kann. Einige Tage später nimmt Josefa mich mit auf ihre Suche nach den Heilkräutern. Es ist eigentlich keine Suche, sie weiß, in welchem Garten, vor wessen Haustür und in welchem Hof was wächst. Sie spaziert überall hinein als wäre es ihr eigenes Reich, schaut herum, zupft hier und dort Blätter und Blüten ab, spricht und lacht mit den Leuten, die sie wie ein Familienmitglied behandeln. Mit der Zeit erfahre ich von ihr selbst und von Roberto ein Stück ihrer Geschichte.

Josefa ist eine anerkannte, weit über die Stadtgrenze hinaus bekannte und gefragte *Santera*. Die Geschichten über ihr Wissen von den guten und bösen Kräften, ihren Pakt mit den Göttern sind schillernd, enden oft in geheimnisvollen Andeutungen. Sie hält die Fäden im Viertel zusammen, wird zum Schlichten, zum Heilen, zum Beraten gerufen. Ihre Vergangenheit ist aber höchst irdisch und von den revolutionären und konterrevolutionären Kämpfen nach 1959 geprägt. Ihr Vater besaß vor der Revolution große Latifundien in der Provinz Pinar del Rio, im Stadtviertel gehörte ihm fast die Hälfte der Häuser. Er übereignete freiwillig alles der Revolution und Josefa durfte diese zwei Häuser behalten, aber nicht weiterverkaufen. Ihre Familie wanderte in die USA aus. Nur Josefa und eine Schwester blieben im Viertel und stellten sich ganz auf die Seite der Revolution. Der Vater hatte einen Mann für Josefa ausgesucht und eine prunkvolle Hochzeit vorbereitet, aber Josefa nahm sich eine Freundin. Sie hatte als erste Frau in Pinar del Rio die Kühnheit, offen mit einer Frau zusammenzuleben. Sie war auch die erste Frau, die hier ein Motorrad fuhr. Sie war Fotografin und Elektromeisterin. Unerschrocken erkämpfte sie sich Respekt. Sie war mit den Göttern im Bunde und mit dem Geheimdienst. Den Göttern blieb sie treu, der Geheimdienst hat sie entlassen. Die Gründe dafür verschweigt sie bitter. Sie sagt emphatisch: „Ich bin immer Revolutionärin geblieben“, und dann neigt sie sich zu mir und flüstert: „In diesem Viertel gibt es nur noch einen revolutionären Menschen, alle anderen sind konterrevolutionär.“ Und als ich ihr amüsiert entgegne, daß ich allein schon fünf kenne, schweigt sie vorsichtig. Josefa ist jetzt 65 und spürt ihre Kräfte schwinden, auch ihre einstmalige Bedeutung. Sie möchte auf ihre alten Tage für ihr kämpferisches Leben einen Lohn einklagen. Manchmal sitzt sie stundenlang schweigend im Hof mit abwesendem Blick, manchmal beginnt sie zu klagen, wieso sie ihre Familie in den USA nicht besuchen darf, wieso es in Kuba nicht vorwärts geht, und sie beginnt schlecht über andere zu reden. Dann wirkt sie verzweifelt und wehmütig. Aber wenn wir uns auf das vierzig Jahre alte Motorradgespann aus der DDR schwingen und an den Strand knattern, eine Reifenpanne beheben müssen, dann wirkt sie wieder unverwüstlich und dem Leben verbunden. Ich möchte so gern die alte MZ-Maschine fahren, aber Josefa fürchtet, sie würde mir unter den Händen auseinanderfallen, weil ich sie wohl wie ein richtiges Motorrad behandeln würde und das ginge nicht mehr. Sie ließe sich nur noch unter Berücksichtigung all ihrer Gebrechen fahren und die würde nur sie kennen. Das ist wie mit den vierzig Jahre und noch älteren Autos. Wenn ich in so ein uraltes Taxi gestiegen bin und die Tür zu hart geschlossen hatte, bekam der Fahrer Gänsehaut und mich traf ein strafender Blick.

An unsere beiden Türen, zur Straße und zum Hühner-, Schweine- und Taubenhof hin, der zwischen unserem und Josefas Haus liegt, sind zwei große frische Kaktusblätter genagelt. Ich sehe diese Kaktusblätter auch im Haus von Elena und Roberto. Elena lächelt, als ich danach frage, und Roberto, mein strenger marxistischer Genosse, erklärt verlegen, daß die Kaktusblätter die schlechten und guten Energien der Menschen, die zu Gast sind, enthüllen. Wenn sie verdorren, sind schlechte Energien im Haus, das können ungelöste Probleme, Streit, Leid oder auch üble Gefühle und böse Gedanken sein. Bei Harmonie, Liebe und Wohlmeinen beginnen die Blätter zu sprießen. Tatsächlich: als ich das erste Mal in dem Haus in Pinar del Rio war, gab es zwischen der Genossin und mir ziemlich unauflösbare Probleme. An der Vordertür vertrocknete zusehends das frische Kaktusblatt. Sechs Wochen später war ich noch einmal mit Charlotte und Rosa im Haus. Es waren Tage intensiver Diskussionen und guter Gefühle. An beiden Türen brachten die Kaktusblätter einen kräftigen neuen Sproß hervor. Das hat keine große Bedeutung, in Kuba ist es gar eine Selbstverständlichkeit, für uns war es bemerkenswert.

In Josefas Haus steht eine lebensgroße Madonna, äußerlich der Mutter Maria nachempfunden, aber es soll die heilige Barbara sein, die katholische weibliche Adaption für Changó, den mächtigen afrikanischen Gott des Krieges, der Zwietracht, des Feuers und des Eros. Changó kann in männlicher und weiblicher Gestalt existieren. Vor der Madonna liegen Reliquien und Fetische. In der ersten Zeit zieht Josefa schnell den Vorhang zu, um die Heiligenstatue zu verbergen, wenn ich vom Hof in die Küche trete, aber mehr und mehr verliert sie ihre Scheu oder Vorsicht und erzählt von der Bedeutung der afrikanischen Götter, der *Orishas,* aus der Yoruba-Religion. Die meisten Sklaven in Kuba wurden aus Benín und Nigeria verschleppt, sie gehörten dem Volk der Yorubas an. Fünfhundert Jahre gewaltsame Missionierung durch den Katholizismus haben die afrikanischen Götter der schwarzen Sklaven nicht besiegen können. Eine oberflächliche Verschmelzung der Religionen war das Ergebnis, ein Synkretismus, der es möglich machte, den ureigenen *Orishas* die Gestalt der katholischen Heiligen zu geben und weiterhin mit ihnen zu reden, ihnen zu huldigen und Opfer darzubieten. Die Götter waren in ihren Seelen und in den Seelen ihrer Ahnen, mit ihnen haben sie die Verbindung zu ihren Ahnen aufrechterhalten, ihr Elend ertragen, ihre Rebellionen gewagt und ihre Identität bewahrt. Ihre Götter sind göttlich und ihnen doch ähnlich, haben gute und schlechte Eigenschaften, sind beeinflußbar und anrufbar, wenn sie benötigt werden. In rituellen Rhythmen und Tänzen kann man sich ihnen nähern und der Gott, der dem eigenen Charakter am stärksten entspricht, kann im Trancezustand Besitz von einem ergreifen. Der Gott der Christen ist für die Sklaven immer weit weg im Himmel gewesen, unnahbar, undurchsichtig und der Gott der Herren.

Einmal fragt Josefa mich vertraulich, ob ich ein Ritual möchte. Yemayá, die Göttin des Meeres, sei an meiner Seite. Aber soweit bin ich nun doch nicht interessiert. Allerdings lese ich schnell mal nach, welches Persönlichkeitsbild der Göttin Yemayá zugeschrieben wird und erfahre, daß sie die Mutter des mächtigen Changó ist. Mich beschleicht manchmal das Gefühl, als wäre Josefa keine richtige Santera, sondern eine Scharlatanin. Sie ist eine Weiße, der Yoruba-Kult kommt nicht aus ihrer Tradition, nicht von ihren Ahnen. Die Reliquien vor dem Altar stammen fast alle aus den christlichen Mythen, das Jesuskind, Tiere aus dem Stall von Bethlehem, ein Rosenkranz, auch ein paar Muscheln und Schüsseln mit Kräutern. Möglicherweise tue ich ihr Unrecht, denn es geht auch die Geschichte um, sie hätte einem jungen Mann, der dem Tode nahe war, neues Leben ermöglicht, indem sie ein anderes zum Verlöschen gebracht hätte, und man sagt, das funktioniere nur mit dem Einverständnis der Beteiligten und ihrer *Orishas*.

Endlich regnet es. Die Erde ist schon zu Stein geworden, und wir warten schon so lange auf diesen Segen. Ganz plötzlich brechen die Wolken auf und schütten ihr Wasser in einer Unmäßigkeit vom Himmel herunter, daß im Nu Ströme durch die Straßen fließen. Dicke, schnurgerade Striche aus Wasser stehen zwischen Himmel und Erde, als wollten die beiden sich auf immer aneinanderhängen. Was für ein schönes Schauspiel. Ich verfolge es aus der hinteren Ecke der Veranda, rieche, wie die Luft sich klärt. Kein Staubkorn überlebt. Was sich gerade noch dürr, heiß, stumpf und hart anfühlte, wird jetzt kühl, naß und frisch. Ein neues Element übernimmt vorbeirauschend die Herrschaft und bestimmt neue Geräusche, Düfte und Farben. Die Straße zwischen den Häusern ist schmal, der Asphalt ausgewaschen, sie führt mit weichem Gefälle hinunter zum Fluß und so jagt auch das Wasser hinunter, die Straße waschend und die abschüssigen Gärten links und rechts wie Bottiche füllend. Ich muß an die Häuser unten am Fluß denken. Josefa hat mich auf den Spaziergängen durch das soziale Gefälle Pinar del Rios geführt. Ich konnte nicht daran vorbeisehen, am Fluß standen elende Hütten, nicht viele, aber genug um den Ansatz zur Verslumung zu befürchten. „Hier wohnen die Armen" sagte Josefa und ich hatte den Verdacht, daß sie mich absichtlich hierhergeführt hatte. Als ich am Abend mit Roberto sprach, sagte er: „Ja, sie sind arm, aber sie sind nicht gesellschaftlich und sozial isoliert, sie nehmen wie alle anderen an unseren Gemeindeversammlungen teil, sie sind wie die meisten hier im Viertel im CDR, ihre Kinder gehen wie alle Kinder in die Schule, und sie bekommen wie alle ihre Libretazuteilungen." Beruhigt mich das?

Das Schwein unseres Nachbarn von gegenüber schreit wie verrückt und ich denke, vielleicht ersäuft es gerade, denn die Wassermengen strömen geradewegs auf den tieferliegenden Stall zu. Die ganze Familie kommt herausgestürzt, um sich von der Unversehrtheit des Schweines zu überzeugen. Ein Schwein in der Stadt, um nicht zu sagen im Haus, ist ein streng organisierter Reichtum. Es unterzubringen, es durchzufüttern bis es groß ist ... Josefa und Miriam haben auch eins. Es steckt in einem kleinen Kabuff neben unserer Küchentür, und wenn Miriam es nicht mindestens alle zwei Tage wäscht, stinkt es fürchterlich in unserer und Elenas Wohnung. Wer keinen Verwandten auf dem Land hat, hält sich Hühner, Tauben, ein Schwein oder eine Ziege im oder am Haus. In den Mietswohnungen der Großstädte ist das fast nicht möglich, aber selbst mitten in Havanna habe ich auf dem Dach einen Hühnerhof gesehen.

Die Nachbarfamilie ist immer laut und höchst geschäftig. Auf der Veranda steht eine kleine Verkaufsvitrine mit selbstgebackenen Schmalzkringeln, Erfrischungen, Eis, etc. und sie haben eine Schrotmühle, die man zwei Straßen weit hört, wenn sie den Reis schrotet. Als der Regen kam, haben sie schnell alles ins Haus getragen. Für kubanische Verhältnisse müßte die Familie reich sein, ich sehe unentwegt Leute und Kinder aus dem Viertel mit einem Kuchen oder sonstwas davonziehen. Alles kostet einen Peso. Lilian, die halbwüchsige Tochter, bringt mir mit schüchternem Charme einen frischgebackenen Kringel zur Begrüßung. Wenn Josefa schlechte Laune hat, sagt sie über die Nachbarn: „Das sind Baptisten und Kapitalisten." Als Miriam zu Josefa gezogen war, hat diese Familie als einzige Miriam jahrelang einfach ignoriert, darum hat Josefa nur Verachtung für sie.

Den ganzen Tag über kommen die Straßenverkäufer vorbei und rufen ihre Waren aus. Jeder zu seiner ganz bestimmten Stunde. Es sind keine Fremden, alle kennen sich, es sind Leute aus dem Viertel, die ihre Waren verkaufen. Ihr *ajo, ajo*, oder *frioles, frioles* gehört zu den Klängen des Milieus. Nach einiger Zeit erkenne ich die Ausrufer an ihrer Melodie. Sie kommen mit dem Fahrrad, dem Handkarren oder dem zweirädrigen Pferdekarren. Der Verkauf an der Haustür ist ein Privathandel, ähnlich den staatlich erlaubten freien Bauernmärkten. Er ist eigentlich ein nicht gerade legaler, aber auch nicht illegaler Schwarzhandel, von allen toleriert und benötigt, weil die staatlich organisierte Versorgung nicht ausreichend ist. Vor allem hat er die Unverschämtheiten der Bauern beendet und diese gezwungen, ihre Preise zu normalisieren. In den ersten Jahren der *Perioda especial* haben sie den akuten Nahrungsmittelmangel ausgenutzt und Wucherpreise verlangt. Es hat staatliche Beschlagnahmeaktionen gegen zu gierige und rücksichtslose Bauern gegeben. Vor den Toren Pinar del Rios wurde einmal ein Lastwagen von der Polizei gestoppt, halbvoll mit Reissäcken beladen, die andere Hälfte hatte der Bauer gerade für 130 Peso pro Kilo in der Stadt verkauft. Da war die Empörung der Leute übergeschlagen, und sie hatten die Polizei geholt. Das Geld wurde eingezogen und der Reis öffentlich auf dem Markt zu Libretapreisen verkauft. Jetzt kostet das Kilo Reis auf den Bauernmärkten vier Pesos und in den staatlichen Verkaufsstellen, wo die Libretas gelten, noch weniger.

Anfang 1994 hat es in Kuba 80.000 Versammlungen der Arbeiterparlamente mit nahezu drei Millionen Beschäftigten gegeben, um die ökonomischen und monetären Veränderungen und ihre Auswirkungen auf die sozialistische Gesellschaft zu diskutieren: die Zulassung selbständig Verdienender, die Erhebung von Steuern und Gebühren, zuvor Fremdwörter unter den kubanischen Bürgern; die Legalisierung des Dollars als zweite Währung, etc. Land auf, Land ab wurde monatelang debattiert, welche neuen Pflichten und Lasten jetzt akzeptiert und übernommen werden müßten, um die Kerne der sozialistischen Errungenschaften wenigstens für alle Bedürftigen zu erhalten: die soziale Sicherung, die Grundversorgung, freie Bildung für alle, kostenlose Gesundheitsvorsorge ...

Die Arbeiterparlamente forderten als erstes hartnäckig die Enteignung der *Macetas,* so werden die Geschäftemacher genannt, die in der schwierigsten Zeit skrupellos die Not und den Mangel ausgenutzt hatten und sich auf einem unkontrollierten Schwarzmarkt Reichtümer verschafft hatten. Daraufhin wurden über 300 Verfahren gegen *Macetas* eingeleitet. Ebenso hartnäckig und erfolgreich haben sich die Arbeiterparlamente und die Gewerkschaft gegen die Einführung einer Lohnsteuer gewehrt. In der auf allen Ebenen heiß diskutierten Frage zur Legalisierung des Dollars gab es keine entscheidende Mehrheit, weder dafür noch dagegen. Auch nicht im Politbüro. Daraufhin sagte Fidel Castro: „Wie ich aus der Statistik erfahren konnte, sind 82% der kubanischen Bevölkerung im Besitz von Dollars, wir können nicht länger 82% der Bevölkerung diskriminieren, wir müssen den Dollar legalisieren."

Mit dem Fahrrad besichtige ich die Umgebung von Pinar del Rio, fahre Berg auf und Berg ab in die Provinz hinein, um mich an der Natur zu erfreuen. Ein Motorradfahrer bietet mir an, mich ein Stück zu ziehen. Das machen die Leute hier so. In der Mitte ein Moped oder Motorrad, links und rechts ein Fahrrad mit je zwei oder drei Personen drauf. So kommen sie manchmal dahergebraust, die Straße in ihrer gesamten Breite einnehmend. In der Stadt sind die Fahrradfahrer tollkühn. Sie hängen sich an Busse, Lastwagen und auch PKWs und lassen sich in rasender Fahrt durch die löchrigen, holperigen Straßen ziehen. Sie sind die Könige der Straßen, überall stehen Schilder und fordern Rücksicht auf die Radfahrer. Die Autos halten Abstand beim Überholen oder fahren hinter ihnen her, bis ihnen gnädigst Platz gemacht wird. Ganz anders ergeht es den Fußgängern, sie sind im Verkehr immer die Getriebenen.

Aber ich bin die schnelle Fahrt nicht gewöhnt und lasse bald wieder los. Jedes Schlagloch könnte mich zum Stürzen bringen. Ich muß ja auch nirgendwohin, habe Zeit und möchte alles, was ich sehe, genießen und nicht angestrengt auf mein Vorderrad starren, um den Schlaglöchern auszuweichen. Vereinzelt, manchmal ganz einsam stehen die kleinen *Fincas*, manchmal nur das traditionelle Holzhaus und ein Stall daran. Schweine und Hühner laufen frei herum, auch die dürren milchlosen Zebukühe, sie finden abends ganz allein wieder zurück. Ich steige vom Fahrrad und setze mich an den Straßenrand, es ist wie immer unerhört heiß. Lange schaue ich hin, um zu begreifen, wie der Mann es schafft, sein Feld umzupflügen. Zwei starke Zebuochsen ziehen einen schweren Baumstamm, der vorn zu einer hölzernen Pflugschar geschlagen ist und hinten noch seine grünen Äste hat. So ziehen sie Furchen und eggen gleichzeitig die aufgebrochene Erde mit den hinterherschleifenden

Zweigen. Zwischen Straße und Feld gibt es keine Begrenzung und die gewaltigen Ochsen kommen direkt auf mich zu, um auf der Straße zu wenden. Schnell weiche ich aus und der junge Bauer ruft mir einen Scherz zu. Ich bewundere seine Zähigkeit und seine Idee, aber warum leiht er sich keinen Pflug in der Kooperative aus? Will er es ganz allein schaffen, oder gibt es auch in der Kooperative keinen Pflug?

Die Agrarreform von 1993 leitete die Umbildung der landwirtschaftlichen Staatsbetriebe in Kooperativen ein. Das war vielleicht die tiefgreifendste Veränderung der staatssozialistischen Grundlagen in Kuba. Schwer getroffen vom Zusammenbruch seiner ökonomischen Beziehungen, die zu 80% vom ehemaligen sozialistischen Lager abhingen, taumelte Kuba in eine einige Jahre dauernde Versorgungskrise, bis die Regierung Maßnahmen zur Umstrukturierung der riesigen staatlichen Landwirtschaftsbetriebe beschloß. Abhängig von Großtechnologien und Subventionen lagen diese da wie gestrandete Giganten. Es gab keinen Treibstoff, keine Ersatzteile, keine Düngemittel, kein Futter, keine Milch, Fleisch, Käse, Obst und Reis; alles, was auf dem Land produziert wurde, verschwand langsam aus den Läden der Städte. Es wurden Zehntausende Zebubullen kastriert, weil sie die Funktionen der Traktoren übernehmen sollten, die jetzt vom Rost gefressen wurden. Aber die Ochsen waren den riesigen Anbauflächen der Staatsfarmen nicht gewachsen.

Die staatliche Landwirtschaft hatte immer zwei Seiten. Einerseits war sie rechnerisch betrachtet ineffizient. Andererseits hatte sie höchste Produktionszuwächse und war ein revolutionärer Motor auf dem Land. Nach der Revolution wurde die Zuckermonokultur ausbalanciert, es gab Zitrusplantagen, Rinderzucht, Geflügelfarmen u.a. Die Alphabetisierung der Landbevölkerung wurde durchgeführt, der Lebensstandard erhöht, die Gesundheitsversorgung bis ins kleinste Dorf gebracht, Kultur und Bildung aufs Land getragen. Das hat immer mehr gekostet, als erwirtschaftet werden konnte, aber es wurde damals nicht in Geld gerechnet. Der technologische Fortschritt und die Subventionen konnten bis 1990/91 durch die sicheren und unbestreitbar günstigen Handelsbeziehungen zur ehemaligen UdSSR finanziert werden. Erst 1993 wurden schließlich alle ineffizienten staatlichen Farmen aufgelöst und in Kooperativen umgewandelt, das Land, die Produktionsmittel und das Vieh den Landarbeitern zur Verfügung gestellt. Einen Teil der Ernte müssen sie jetzt an den Staat verkaufen, um die Grundbedürfnisse der Bevölkerung zu sichern, den Rest können sie auf freien Märkten anbieten. Darüber hinaus kann jeder kostenlos ein Stück Land beanspruchen und es bebauen. Für die Grundausrüstung wird ein zinsloser Kredit bereitgestellt. Das Land bleibt in Staatsbesitz, es muß landwirtschaftlich genutzt und darf nicht verkauft werden.

Ernesto aus unserer Nachbarschaft hat ein inoffizielles Taxi als kleines Zubrot. Am Sonntag fährt er mit uns und seiner Frau an den recht entfernten Strand. Er ist ein kräftiger Mann, vielleicht am Ende seines fünften Lebensjahrzehnts. Er war aktiver Funktionär im Staatsdienst, und als er ausgeschieden ist, hat er sich ein Stück Land hier in der Provinz zuteilen lassen. Nach zwei Jahren ist er mit seiner Familie wieder in die Stadt gezogen. „Die Landarbeit ist zu hart“, sagt er, „das schaffen nur die Jungen. Es gibt noch keine Remechanisierung, das wird noch dauern, wir haben es nicht durchgehalten. Was an Technik und Maschinen noch funktionstüchtig ist, befindet sich auf den letzten staatlichen Musterfarmen, auch die Kooperativen haben keine ausreichenden Produktionsmittel." Der Bauer mit seinen zwei Zebuochsen, den Baumstamm durch die trockene Erde ziehend, ist guter Dinge. Er will es schaffen.

Pinar del Rio ist genau der richtige Ort, für einen Genossen oder Freund die beste Havanna-Zigarre zu kaufen. In dieser Provinz wächst der edelste Tabak. Jetzt im August ist er längst geerntet und trocknet seiner Reife entgegen in Tabakhäusern, die überall in der Landschaft zu erkennen sind, weil sie rundherum mit trockenem Palmstroh eingedeckt sind. Wie struppige alte Haufen stehen sie da und bergen doch das Gold der Insel. Die ausgedehnten Tabakfelder zwischen den schattenspendenden, hochaufragenden *Mogotes* in den Tälern der Provinz sind jetzt mit anderen Früchten bebaut.

Ich besuche die kleine Tabakfabrik im Zentrum der Stadt. In den Tagen zuvor waren mir schon oft Zigarren angeboten worden, zu einem Schwarzmarktpreis, weit unter dem offiziellen. Aber ich verstehe nichts von Zigarren und will sicher gehen, eine echte *Romeo y Julieta* mit nach Hause zu bringen. Ich bin erstaunt, *wie* klein die Fabrik ist, eigentlich ist der Begriff „Fabrik" weit übertrieben, treffender wäre „Manufaktur". Nicht mehr als fünfzig bis siebzig Leute arbeiten hier und dafür ist es ganz unkubanisch ruhig, als ich durch die Produktionsstätte gehe. Es ist ein großer Raum voll samtener Brauntöne. Die Farbe des Tabaks und die Farbe der

Menschen, die an Holztischen arbeiten, ergeben eine zufällige Harmonie. Eigentlich sieht der Produktionsraum eher wie ein großes Klassenzimmer aus. Links und rechts sind hintereinander die Tische aufgereiht, in der Mitte ist ein freier Gang und vorn ein Pult für den Vorleser. Es ist eine alte Tradition, den Arbeiterinnen und Arbeitern bei ihrer eintönigen Tätigkeit Geschichten, Nachrichten, Gedichte und Romane vorzulesen, damit der Geist zusammen mit den Händen in Bewegung bleibt. Die Leute wählen sich den Vorleser aus ihren Reihen. Das feine Aroma edler Tabakblätter liegt in der Luft und auch der Duft frisch entzündeter Zigarren. Frauen und Männer haben dicke qualmende Zigarren zwischen den Lippen.

Die kubanischen Zigarren haben Weltruhm, seit die spanischen Eroberer die Pfeifen der Indianer schmeckten und den Tabak als exotisches Genußmittel in die obere Gesellschaft Europas einführten. Der Tabak aus der Provinz Pinar del Rio gilt als der edelste der Welt, und die seit Jahrhunderten ausschließlich von Hand gefertigten Zigarren sind von erlesenster Qualität, ein Stück Kulturgut Kubas. Als die aus den Bergen kommende Guerilla in Kuba die gesellschaftliche Verantwortung übernahm, wurde im revolutionären Überschwang die Zigarre als Luxusprodukt für die reichen Schichten weggefegt, die Tabakindustrie wurde verstaatlicht und die Volkszigarre *Siboney* erblickte die Welt. Sie kostete einen Peso und der feine kubanische Tabak war nun für alle Kubaner erschwinglich. Natürlich brach sofort der Exportmarkt zusammen, weil sich kein Mensch außerhalb Kubas für eine Volkszigarre interessierte. Ganz schnell besann sich die revolutionäre Regierung anders und ließ wieder die weltbekannten und gefragten Sorten produzieren.

Die Ruhe im Arbeitsraum empfinde ich als ungewöhnlich. Die Leute sind so auf ihre Hände konzentriert, die durchziehenden Touristen beachten sie kaum, schauen nur mal kurz hoch. Sie arbeiten mit ganz wenig Werkzeug, und selbst der routinierteste Handgriff wirkt wie eine Bewegung zur Herstellung eines Kunstwerks.

In jedem Viertel gibt es immer ein paar Alte, die für die Nachbarschaft und für sich selbst Zigarren drehen, die Alltagszigarre. Sie ist aus bestem Tabak, aber viel sparsamer, also weicher gerollt. Beim Rauchen pilzt sie auf wie ein Blumenstrauß. Gewiß hat genauso die *Siboney* ausgesehen. Als meine Abreise naht, geht Elena zu einem jener Alten, damit er ihr ein paar Zigarren dreht, die sie mir mitgeben möchte. Mit leeren Händen kommt sie zurück und erklärt mir: „Ach, es ist doch viel zu früh, ich gehe später noch einmal zu ihm, der alte Antony dreht niemals vor Sonnenuntergang.“

Der Tabak ist seit fünf Jahrhunderten ein bestimmendes Element der kubanischen Geschichte, wie die Musik, der Rum, das Zuckerrohr und die Revolution.

Während ich im Valle de Peru war, Santiago de Cuba, Trinidad und Santa Clara besuchte, wurde Ana Beatrice geboren, Elenas und Robertos Tochter. Das war ein schöner Grund mehr, noch einmal nach Pinar del Rio zu fahren, denn wir hatten schon soviel über das Kind geredet und die Geburt herbeigesehnt. Nun war Ana Beatrice da, stand im Zentrum von Elenas Lebensrhythmus. Außerdem wollte ich nach den langen Diskussionstagen mit Charlotte und Rosa noch ein paar Tage allein sein und reflektieren, ein bißchen schreiben und lesen.

Elenas Mutter kommt täglich und hilft ihrer Tochter mit dem Baby. Die Mutter ist weiß, der Vater schwarz, die Schwester weiß, der Bruder braun, Elena braun, Roberto weiß und Ana Beatrice weiß mit einem Hauch von Hoffnung, noch dunkler zu werden. Jedenfalls schaut Elena jeden Tag interessiert, ob sie nicht doch ein bißchen kubanischer wird. Sie sind eine Familie, die viel über Rassismus sagen kann. Gibt es ihn noch in Kuba?

„Meine Mutter", erzählt Elena, „wurde noch 1968, zehn Jahre nach der Revolution, von ihrer Familie verstoßen, weil sie einen *negro*, meinen Vater, geheiratet hatte. Sie mußte das Viertel verlassen. Heute ist es Geschichte, für die man sich schämt. Damit sage ich nicht, daß nirgendwo in der kubanischen Gesellschaft mehr Rassenvorurteile wirken, ihre Wurzeln sind so tief, so traditionell und fünfhundert Jahre alt, sie werden nicht in vier Jahrzehnten aus der Welt geschaffen. Aber die Revolution hat uns Schwarzen den Weg zur Emanzipation freigemacht. Sie hatte sich auf die Fahnen geschrieben, allen Schwarzen und Unterprivilegierten ihre Würde zurückzugeben, Diskriminierung, Rassenvorurteile und die Privilegien der Weißen zu beseitigen, sie hat dagegen Gesetze erlassen, die den Bewußtseinsprozeß zur Auflösung des tiefverwurzelten Rassismus juristisch stützen. Wie hart und zäh war der Kampf in der Bildungs- und Erziehungsarbeit, in der Kultur, im gesellschaftlichen Alltag."

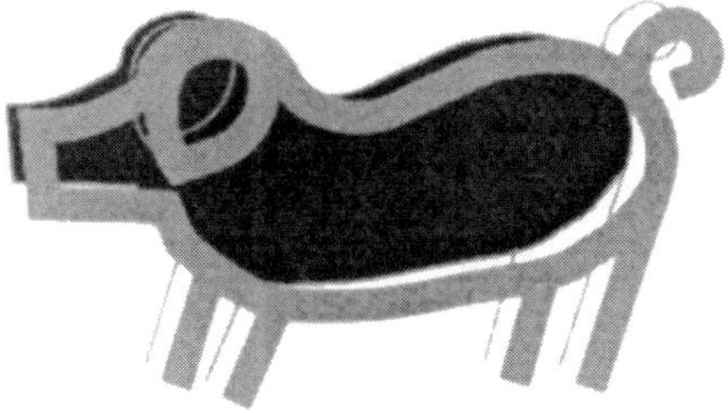

In der *Vaqueria*

Meine Reiseplanung war durch meine Krankheit durcheinandergeraten. Das brachte viele Laufereien und Ärgernisse ein, denn ich war nicht zum verabredeten Zeitpunkt zurück in Havanna, wo ich mich mit dem Genossen Rudolfo treffen wollte, um mit ihm auf die *vaqueria* zu fahren. Dort wollte ich vierzehn Tage arbeiten und das Milchprojekt kennenlernen. Ich war auch nicht rechtzeitig zurück, um mein abgelaufenes Visum zu erneuern. So verpaßte ich also Rudolfo um einige Tage und saß sozusagen illegal im etwas verlebten, für mich aber immer noch zu teuren Hotel Deauville in Havanna fest, bis ich den Kontakt wieder hergestellt hatte. Rudolfos Institut ist von respektablem Ansehen und seine Stellung innerhalb des Instituts ist es ebenfalls. Es war mein Glück, daß der Compañero sich auskannte im Gestrüpp administrativer und politischer Verflechtungen und Konkurrenzen. Ohne diese günstigen Umstände hätte ich Kuba bereits nach vier Wochen wieder verlassen müssen, nicht ohne zuvor ein paar Probleme mit der Emigrationsbehörde gehabt zu haben. „Ruf Fernando an, wenn du Schwierigkeiten hast“, hatten mir die Genossen aus Berlin gesagt, „Fernando wird dir helfen“. Fernando war vom Politbüro und hatte keinesfalls Lust, sich mit den Problemen einer sogenannten Ex-Terroristin aus Deutschland zu befassen. Er machte mir höflich aber bestimmt deutlich, daß ich ein heißes Eisen sei, jetzt, da Kuba die USA in der UNO politisch und diplomatisch gerade in die Defensive gedrängt hatte und diese den Versuch unternahmen, Kuba auf die Liste der Länder zu setzen, die angeblich den „Terrorismus“ unterstützen! Kuba dürfe dem Vorwand keine Argumente liefern. Der Genosse Fernando wollte also nichts mit mir zu tun haben. Ich verstand das, aber das Problem war da. So blieb alles an Rudolfo hängen. Er sollte mich auf die *vaqueria* nach Valle de Peru bringen, doch ohne gültigen Paß war das unmöglich.

Drei Tage lang esse ich mich jeden Morgen am üppigen Hotelbüffett satt, in der Hoffnung, es werde für den ganzen Tag reichen. Vom 14. Stock genieße ich am Abend die unbeschreiblichen Sonnenuntergänge über der Bucht von Havanna, das immer neu aufgeführte Schauspiel des Himmels in der Abenddämmerung, diese Stunde, die Havannas Skyline mit goldenem Licht überflutet. Im sechsten Stock gibt es einen Swimmingpool. Im Schatten der Balustrade ist es am Nachmittag immer noch so heiß, daß es mich in kurzen Abständen ins Wasser treibt. Unter mir das Panorama dieser unglaublichen Stadt. Soweit das Auge zu sehen vermag, breiten sich zusammengedrängt alte und neue Kultur, vergehende und entstehende Architektur, bürokratische und soziale Gestaltung vor mir aus. Dieses Dickicht von Menschen, Häusern und Straßen, Geräuschen und Gerüchen ist ein Monument der Undurchdringlichkeit und gleichzeitiger Offenheit. Und trotzdem empfinde ich die Stadt zerbrechlich, fragil, überfordert, fühle Mitleid mit ihrer Verantwortung. Ich finde ihren Zustand symbolhaft für die Gesellschaft: Untergang und Rettung sind miteinander verkeilt.

Dann holt Rudolfo mich endlich ab. Es wird höchste Zeit, die Visum-Angelegenheit in Ordnung zu bringen. Also gehen wir zum Emigrationsbüro, wo sich aber niemand für die kleinen Komplikationen meines „Falles" zuständig zeigt: Die Verlängerung eines abgelaufenen Arbeitsvisums? Freiwillige Arbeit? Das ist Sache der Partei! Visum? Das ist Sache des Emigrationsbüros! Beides zusammen? Innenministerium! In diesem Bermuda-Dreieck verschwindet am Ende unseres Umherirrens mein Paß. Mit dem Versprechen in der Tasche, daß ich in einer Woche das Visum abholen könnte, fahren wir völlig entnervt und aufgerieben von der Hitze ins Valle de Peru auf die *vaqueria.* Rudolfo ist nicht mehr der Jüngste und Gesündeste, seine Gesichtsfarbe deutet auf einen viel zu hohen Blutdruck hin. Das Warten in der Hitze vor den jeweiligen Büros macht ihn ganz krank, ihm läuft der Schweiß herunter, aber mehr noch bringt ihn das absurde bürokratische Abgeben von Zuständigkeit an Zuständigkeit in Wut. Seine Erklärungen zur Angelegenheit waren von einer Nichtzuständigkeit zur nächsten länger und komplizierter geworden, da jeder Nichtzuständige ihm noch seine Sicht des Problems aufgeladen hatte. Einige hatten uns den Rat gegeben, ich sollte erst einmal wieder ausreisen und dann neu einreisen. Das überstieg aber meine Finanzen und meine ganze Reiseplanung. Eigentlich hat Rudolfo mit der Angelegenheit gar nichts zu tun, er sollte mich nur abholen. Er ist erschöpft und völlig bedient von den Künsten seiner Compañeros in den Ämtern. Auf der Autobahn achtet er besorgt darauf, in keine Verkehrskontrolle zu kommen, denn jetzt hat er eine Touristin ohne Papiere im Wagen, und dies könnte alles noch komplizierter machen. „Wir sind doch zwei alte Partisanen“ sagt er, „wir werden uns doch nicht von den Sesselärschen kleinkriegen lassen!“ Dabei spuckt er kräftig aus dem Fenster des Toyotas.

Nach einer Woche fahren wir wieder nach Havanna um meinen Paß abzuholen. Er liegt tatsächlich für mich bereit. Erleichtert schaue ich hinein. Ich fasse es nicht! Es ist kein neues Visum darin. Rudolfo läuft blau an und ich fürchte um sein Herz, aber auch um seine Haltung, als er laut und scharf die Beamtin anfährt, ob es in diesem Land auch noch Leute gäbe, die ihre Arbeit tun. Die erschrockene junge Beamtin verweist uns hilflos wieder an eine andere Stelle und wieder verbringen wir Stunden um Stunden in Vorzimmern, manchmal mit einem Täßchen Kaffee, manchmal mit einem Glas Wasser. Rudolfo tut mir leid, er will mich nicht hängen lassen und gibt nicht auf. Schon ganz verzweifelt treffen wir endlich auf eine Beamtin, die sich aufmerksam anhört, was Rudolfo ihr mit vor Wut bebender Stimme vorträgt. Dann sagt sie ganz freundlich und ruhig, sie begreife nicht, wo hier das Problem liegt: Die Compañera – und dabei schaut sie auf mich – braucht ein Visum, das kostet 40 Dollar, die Compañera hat seit neun Tagen kein gültiges Visum, das kostet nochmal 25 Dollar Strafe, die Compañera braucht das Visum ganz schnell, was zusätzlich 25 Dollar für die Eilbearbeitung macht. Gehen

Sie um die Ecke zur Bank, kaufen Sie für insgesamt 90 Dollar die Marken und bringen Sie alles her. Morgen können Sie Ihren Paß mit Visum abholen." So geschieht es denn auch, und Rudolfo sagt anerkennend: „Ich bevorzuge es, mit solchen Compañeras zusammenzuarbeiten." Währenddessen rechnete ich meine Finanzen durch, 90 Dollar waren doch ein harter Schlag.

Die *vaqueria* liegt etwas abseits von der Straße zwischen Zaragoza und Catalina im Valle de Peru. Versteckt und beschattet von ausladenden alten Bäumen, zwischen denen der glühende Flamboyant sein feuerfarbenes Orange verschwendet. Über allem liegt eine ungewohnte Stille und Bewegungslosigkeit, als ich aus dem quirligen, lauten Havanna mit dem Toyota in den Hof rolle. Die langgezogenen offenen Ställe sind leer, die Kühe sind auf der Weide, die Compañeros auf dem Feld oder in ihren Häusern, die eine Einheit mit der *vaqueria* bilden. Ich beziehe eines der Häuser, das eingerichtet ist für diejenigen, die herkommen, um für ein paar Wochen *trabajo voluntario* (freiwillige Arbeit) zu machen. Karg ist das Zimmer, was ich nicht anders erwartet habe. Ein Schrank, ein frischbezogenes Bett und der unentbehrliche Ventilator, denn auch hier legt sich die gnadenlose Hitze Tag und Nacht auf das Befinden. Ich befestige als erstes das Moskitonetz an der Decke und breite es über mein Bett. Es wird für die nächste Zeit mein nächtliches Refugium sein und mir alle Fliegen, Spinnen, Frösche und Moskitos fernhalten.

Die Begrüßung am Abend in der Kollektivküche ist voll Neugier und sehr fröhlich. Da ist also wieder eine Genossin aus Deutschland, die das Milchprojekt kennenlernen will. Sie wollen wissen, wie ich aufgewachsen bin, auf dem Land oder in der Stadt, was ich von Kuba halte, ob ich Angst vor Kühen, großen Spinnen und Fröschen habe. Sie scherzen und übertreiben, um mich auf das Landleben vorzubereiten. Wir trinken den weißen Rum und rauchen viele Zigaretten. Sie haben eine Plastiktüte mit schwarzen, groben Tabakresten auf dem Tisch, daneben einen Topf Leim und eine große selbstgebaute Zigarettendrehmaschine. Meine leichten amerikanischen Zigaretten verschmähen sie genauso wie meinen dünnen Kaffee. Die Küche ist Aufenthalts-, Eß- und Versammlungsraum, an der Wand hängt ein großes Portrait von Che. Am nächsten Morgen wollen sie mich um sechs Uhr wecken, sie selbst beginnen um vier Uhr mit der Arbeit. Sie treiben für mich ein Paar Gummistiefel auf, worüber ich sehr glücklich bin. In Havanna hatte ich keine gefunden.

Das Landleben bringt mich wieder zusammen mit dem Milieu meiner Kindheit, den Gerüchen, Geräuschen, den Arbeitsmitteln und Gewohnheiten, den Tieren und Insekten, die aus der Welt der Städter längst verbannt sind. Aber das flößt mir zunächst durchaus keine heimatlichen Gefühle ein, denn zwischen Kindheit und jetzt liegt ein langes Stadtleben. Der Frosch in meinem Schrank, im Klo, im Waschbecken, mein Moskitonetz erklimmend, ist nicht mehr der Frosch, mit dem ich als Sechsjährige spielte, und die riesigen schwarzen Spinnen gleichen nicht denen in den Mauerritzen der alten Bauernkate. Dennoch verliere ich ganz schnell die Scheu gegen meine natürliche Umgebung. Mit den Fröschen arrangiere ich mich. Wenn ich in die Toilette will, gebe ich ihnen freundlichst Gelegenheit, aus der Kloschüssel zu springen und sich zu verdrücken. Die kubanischen

Frösche sehen übrigens nett aus, sie sind samten, trokken, mit großen Saugnäpfen an den Füßen, die sie befähigen, kopfüber an der Decke entlang zu spazieren. Und sie können einen Satz durchs ganze Zimmer machen, von einer Wand zur gegenüberliegenden. Sie haben ein breites Maul, als würden sie ständig lachen. Manchmal stand ich vor einem Frosch und wir grinsten uns einfach an.

Mit den Gerüchen und Geräuschen schloß ich am schnellsten wieder Freundschaft: der Kuhstall mit den warmen Dünsten von Tierleibern, Gummistiefelgeruch, frischer Schweiß, frisches oder trockenes Gras, das Rascheln des Laubs unter den Füßen, von der Wiese, so ganz anders als das Begehen von Asphalt und Beton. In den ersten Nächten schrecke ich nachts vom Schnauben der Kühe auf, aber bald bin ich mit allem vertraut und fühle mich wohl.

Die Compañeros in der *vaqueria* sind in der Mehrheit ausgebildete Spezialisten. Nur Manuel und Paco sind einfache Landarbeiter. Sie machen alle die gleiche Arbeit, aus ihren Beziehungen zueinander erkenne ich keine sozialen Unterschiede. Erst in Diskussionen stelle ich fest, daß der eine Veterinär ist, ein anderer Ingenieur, Agronom usw. Fast alle verstehen sich als Internationalisten, sie waren in Angola, China, Neuseeland und einige in der DDR an Projekten beteiligt. Sie sind voller Hingabe an Kuba, an Fidel. Sie sehen sehr wohl die Konflikte, die Widersprüche, die der Transformationsprozeß hervorbringt, das Abdriften eines Teils der Menschen in die Wertvorstellungen des Geldes, sie machen nicht die Augen davor zu. Aber für sie ist Kuba noch das Land des Che, Fidel Castros revolutionäre

Integrität ist nicht in Frage gestellt. Die Transformation zu kapitalistischen Strukturen nehmen sie hin als historischen Zwang, dem sie auf Dauer nicht widerstehen können, aus dem sie aber das Beste machen wollen. Soll er doch kommen, der Kapitalismus, sie werden Kubaner bleiben und nicht aufgeben, was die Revolution ihnen an Menschenwürde, Freiheit und Solidarität gegeben hat ... Ich fühle mich sehr wohl unter den Compañeros, ihre Zuversicht ist ohne Pathos und wie Balsam auf meinem von der Niederlage angegriffenen historischen Optimismus.

Aber ich kann nicht ermessen, wie stark und selbstbewußt die Revolution die Kubaner gemacht hat, wie tief ihre Souveränität individuell und kollektiv verankert ist. Ich habe nur die Erfahrung einer geschichtlich Besiegten. Der handstreichartige Sieg des Kapitalismus über den sozialistischen Osten und die bestürzend höfische Demut der Unterlegenen macht mich vielleicht zu kleinmütig, zu mißtrauisch und verunsichert mich in meinem Optimismus. Kuba hat andere Erfahrungen. Kubas Revolution ist aus den Menschen erwachsen, sie haben sie gemacht um ihrer Selbstachtung willen, und sie ist das Ergebnis einer fünfhundertjährigen Unterdrückungs- und Befreiungsgeschichte. Warum sorge ich mich nur immerzu? Die Compañeros tun es nicht. Ihr Optimismus fasziniert mich. Er ist oftmals gar nicht politisch geprägt, sondern eine Haltung, die ansteckt, die fröhlich macht.

Ich begrüße die Sonne und schlurfe noch ziemlich müde mit meinen zu großen Gummistiefeln frühmorgens in die Küche. Niemand ist da außer der dünnen kleinen Katze. Sie streicht mir hungrig schnurrend um die Beine. Ohne Kaffee kann ich den Tag nicht beginnen. Zu Essen finde ich nichts, denn in Kuba ist es nicht üblich zu frühstücken. Stattdessen steht ein Topf frisch gemolkener Milch auf dem Tisch. Was für ein Privileg in Kuba. Ich genieße ein Glas und bin versucht, auch dem mageren Kätzchen etwas abzugeben, aber ich beherrsche mich, die Milch ist zu kostbar. Am Abend werde ich ihr etwas vom Essen geben. Dann gehe ich in die Melkstation zum Helfen. Chino und Medico sind mit großer Ruhe bei der Melkarbeit. Sie begleiten alles, was sie tun, mit Worten, waschen die Kühe ab, untersuchen die Euter auf Parasiten oder Entzündungen, hängen die Saugmaschinen an die Euter. Unentwegt wird kommuniziert, kein Handgriff bleibt unbesprochen. Ich gebe den Kühen ihre winzige Portion Kraftfutter, die sie einmal am Tag beim Melken erhalten. Die beiden Männer kommentieren auch meine Arbeit stets mit Scherzen und freundlichen Erklärungen. Mir rinnt der Schweiß aus den Haaren in die Augenbrauen, über die Wangen und sammelt sich am Kinn zu einem tropfenden Rinnsal. Mein T-Shirt ist schon lange durchnäßt, und ich beneide die Compañeros mit ihren nackten Oberkörpern. Und natürlich plagen mich die Moskitos, halten mich immer in Bewegung. Die Kühe kacken, wo sie gehen und stehen, ich habe den Ekel vor der frischen Kuhscheiße noch nicht recht verloren. Junio, der Sohn von Vilma und Manuel, läuft darin herum, als wärs der Straßenmatsch nach dem Regen. Der grüne Brei quillt zwischen seinen Zehen heraus und stört ihn nicht. Mein liebstes Arbeitsinstrument ist der Wasserschlauch. Immerzu spüle ich hinter den Kühen her, spritze die Kacheln ab, meine Arme, die Stiefel, das Gesicht.

Manchmal fällt mitten im Melken der Strom aus. Die Milch steht in den Röhren, die zum Tank führen, die Saugnäpfe lösen sich von den Eutern. Dann setzen wir uns draußen in den Schatten, rauchen und warten, bis der Strom wieder da ist. Wenn es länger als eine halbe Stunde dauert, werden die Männer unruhig und überlegen, ob sie einen Traktor von der *Mina Blanca* herüberschaffen sollten, um den Notgenerator mit einem Treibriemen anzuwerfen, aber die Stromausfälle sind in der Regel nur noch kurz, und mitten in den Vorbereitungen für die Notlösung ist er wieder da. Ich sehe keinen Verdruß bei den Compañeros, keine Lustlosigkeit, keine Spannung, keinen Druck, keinen Streit. Die Arbeit ist hart, die Hitze macht ihnen genauso wie mir zu schaffen, aber die Arbeit erfordert ihre Gemeinsamkeit, die Probleme sind allgegenwärtig.

An einem Vormittag habe ich mit Arnaldo die Weide gedüngt. Es war wie auf dem Bild in meinem ersten Lesebuch unter dem Lied: *Im Märzen der Bauer* ... In einer Hand den vollen Eimer, mit der anderen in einer weiten Schleife das Düngegranulat ins Gras werfen, so wie Arnaldo es ein paar Meter weiter neben mir tat. Ein voller Eimer mußte für eine Bahn ans andere Ende der Weide reichen. Er war sehr schwer und wurde mit jedem Gang schwerer. Mir zitterten die Arme, obwohl ich hin- und herwechselte. Wir hatten noch nicht die Hälfte geschafft, da dachte ich schon, ich packe es nicht mehr, so kraftlos schlenkerten die Arme an meinem Körper. Obwohl es erst zehn Uhr war, brannte die Sonne schon höllisch. Ungerührt füllte Arnaldo die Zinkeimer – leer waren sie schon schwer –, und ich biß die Zähne zusammen, nahm meinen Teil ohne einen Ton in Empfang.

Die Weide mußte heute fertig werden. Ich hing schon weit hinter Arnaldo her und das salzige Zeug brannte in einer Wunde, die ich mir am Eimer gerissen hatte. Dann sagte Arnaldo: „Noch zwei Mal, Compañera, nur noch zwei Eimer, dann sind wir fertig." Er blitzte mich aufmunternd an, und ich riß noch einmal alle Kraft zusammen. Den ganzen Nachmittag konnte ich nichts mit der linken Hand fassen, es wäre mir glatt heruntergefallen, meine Muskeln haben gestreikt. Arnaldo hat am Nachmittag eine weitere Wiese gedüngt. Es gibt für diese Arbeiten keine Maschinen mehr, alles muß mit der Hand gemacht werden.

Vor dem Zusammenbruch des RGW hatte Kuba eine hoch intensivierte Milchwirtschaft mit Hochleistungskühen, die auf der Basis von importiertem Kraftfutter ernährt wurden. Als die Futtermittelimporte und die jährlich von der DDR gelieferten 22.000 Tonnen Milchpulver wegfielen, brach eine akute Unterversorgung aus. Die BRD hatte 1990 ungerührt die Lieferungen eingestellt, in der Hoffnung, das sozialistische Kuba gleich mit entsorgen zu können. Die Milchproduktion fiel um mehr als die Hälfte, weil die Kühe durch Unterernährung trocken und unfruchtbar wurden und starben. Allein in der Provinz Havanna starben 1992 nahezu 90.000 Rinder, obwohl es keine Seuchen gegeben hatte. In dieser Situation besann sich Kuba auf seine eigenen Kräfte und mit Hilfe von „Cuba si"-Berlin, Wissenschaftlern der Humboldt-Universität und der Freien Universität Berlin wurde auf der *Vaqueria 40* mit einem Pilotprojekt begonnen. Es geht dabei um die Züchtung eines Rinds, das von einheimischen Pflanzen und Proteinen leben und Milch produzieren kann. Das einheimische Zebu-Rind gibt nur ganz wenig Milch. Aus diesen Anfängen entwickelte sich ein sozio-ökologisches Landwirtschaftsprojekt, das mehrere *vaquerias*, die Finca Mina Blanca, eine Maschinenwerkstatt, eine Biogasanlage, Pflanzen- und Futtermittelwirtschaft, Forschung nach alternativen Energien und Bauwirtschaft für integriertes Arbeiten und Wohnen umfaßt. Die Milchproduktion ist auf das Doppelte gestiegen, aber niemand kann damit zufrieden sein, es gibt immer noch Mangel an Milch und Milchprodukten. Die jetzige Produktion reicht gerade, um Kindern bis zum siebten Lebensjahr die tägliche Milchration zu sichern. Bei einer Rundfahrt durch das überaus schöne Valle de Peru sagt mir Rudolfo, er könne sich nicht vorstellen, daß sie unter den jetzigen materiellen Bedingungen eine ausreichende Versorgung mit Milchprodukten schaffen würden.

Die plötzliche technische Regression nach 1989 hat Kuba vor ganz neue Aufgaben gestellt, die von vielen allerdings auch als neue Chancen verstanden werden, Chancen zur Umwandlung einer modernen technifizierten Landwirtschaft in eine organische, ökologische Landwirtschaft. Aus der Not soll bewußt eine Tugend für die Zukunft gemacht werden. „Altes" Wissen über Dünge- und Schädlingsbekämpfungsmittel wird reaktiviert, da chemische Materialien nicht mehr zu haben sind. Es werden bestimmte Bäume und Pflanzen angepflanzt, die natürlichen Schutz gegen Ungeziefer entwickeln, es werden Regenwürmer gezüchtet, Biogas, Sonnenenergie und Windkraft erforscht und erprobt. Aus den Heilkräutern der Insel wird umfassend und wegweisend eine „grüne Medizin" auf wissenschaftlicher Basis entwickelt. In einer Zeitschrift lese ich: „Auf der

Suche nach dem Überleben finden wir vielleicht die Geheimnisse des Lebens."

Das Valle de Peru wird zum großen Teil von der Finca Mina Blanca bewirtschaftet. Viele Landarbeiter haben sich hier ihr Haus gebaut. Diese typischen kleinen Bauernhäuser mit flachem Dach sind nicht sehr breit, da sie in die Tiefe gebaut sind, um die Hitze abzuhalten, sie haben eine Veranda mit Schaukelstühlen und etwas Land drumherum zum Eigenanbau. Dann fahren wir an zwei Hochhäusern vorbei. Scheinbar unmotiviert aufgetürmter Beton, schon angegriffen von der Witterung, sehen sie aus wie direkt aus Marzahn hierher importiert, um Zeugnis von der sozialistischen Spar-Architektur zu geben. Sie stehen mitten in der Landschaft und entstellen sie.

„So bauen wir auf dem Land schon lange nicht mehr. Auf diese Weise haben wir nur die Bauern ihrer Arbeit und der Erde entfremdet. Das war die Ökonomie nicht wert", erklärt mir Rudolfo. Während unserer Fahrt durch das Tal haben sich ein Jugendparteisekretär, zwei Teenager, ein alter Bauer mit Ziege, ein zehnjähriger Junge und zwei Rohrleger ein Stück des Weges von uns mitnehmen lassen.

Auf dem Rückweg zur *vaqueria* nehmen wir Bernardo mit. Er hatte in der Zentrale der Finca zu tun, sein Büro ist bei uns in der *vaqueria*. Es ist der einzige klimatisierte Raum, weil dort der Computer steht, an dem er täglich arbeitet. Bernardo ist Ingenieur und die Compañeros nennen ihn Bernardito, weil er klein, schmal und, wie sie sagen, schwul ist. In seiner Freizeit gibt er Tanzunterricht für Kinder. Sie müssen mir sofort erzählen, daß er „gay" ist. Sie sagen es nicht verächtlich, und so sehe ich sie auch nicht miteinander umgehen, aber sie finden die Tatsache bei jeder Gelegenheit für eine Klatschmitteilung gut. Wegen der Hitze habe ich oft mittags noch keinen Hunger, aber hin und wieder gehe ich mit Bernardo in die Kollektivküche der *Mina Blanca* zum Mittagessen. Er ist für sein Alter sehr ernst und in sich gekehrt. Mir scheint, als sei er sehr frustriert. Als ich ihn einmal frage, warum er so selten lacht, huscht ein verlegenes Lächeln über sein Gesicht. „Ich kann das Leben nicht so leicht nehmen wie die anderen." Er wohnt in Catalina mit seiner krebskranken Mutter, die Medikamente kann er zum Teil nur über die „Black Box" beschaffen, mit Dollars. Sein Verdienst beträgt 200 Peso im Monat. Sein Patenonkel in den USA schickt kein Geld, weil er möchte, daß Bernardo Kuba verläßt, aber das will Bernardo nicht. Er geht kritisch mit seinen Landsleuten ins Gericht, die das Auswandern für die Lösung ihrer Probleme halten. „Die Kubaner sind faul und ohne Ehrgeiz, verwöhnt", sagt er, „sie fahren den ganzen Tag mit dem Fahrrad durchs Dorf, machen ihre Geschäfte, essen und trinken zuviel und sitzen in der übrigen Zeit sooo auf der Veranda." Bei dem „sooo" imitiert er die sanfte Bewegung des Schaukelstuhls, daß ich schallend lachen muß. „Sie bilden sich nicht weiter, träumen von den USA und lernen nicht ein Wort englisch, sie können sich überhaupt nicht vorstellen, daß sie mit dieser Lebensart in Miami vor die Hunde gehen." Bernardo trainiert jeden Morgen vor der Arbeit und sieht immer etwas verächtlich auf dicke Menschen, er findet sie disziplin- und willenlos. Wenn er von jemandem spricht, beschreibt er zuerst seine Statur. Er liest auch viel und grämt sich, daß sich die Kubaner nicht mehr für

Bücher interessieren. „Wie sollen wir so mit den Problemen unserer Zeit fertig werden“, klagt er. In seinem Gesichtsausdruck, seiner ganzen Erscheinung liegt etwas Schwermütiges, Hoffnungsloses, und ich möchte ihm immer etwas Nettes sagen, ihm Mut machen. Mir fällt auf, daß Bernardo stets mit den Leuten, nicht mit dem „System“ ins Gericht geht. Aber ich weiß, er ist kein Funktionär, hält sich nicht einmal für politisch. Er spricht verärgert über seine Mitmenschen, wie über problematische Familienmitglieder, die nichts geregelt kriegen.

Das Essen in der Kollektivküche macht satt und schmeckt selten gut, kostet aber auch nur 40-60 Centavos, einen halben Peso. Nun ist mein Geschmack ja nicht maßgebend, weil so manches mir ungewohnt ist, aber Rosalie, die Statistikerin, hat Mitleid, daß ich in der Kollektivküche essen gehe und möchte mich zum Essen einladen. Ihr Büro liegt direkt neben der Küche, es gibt keine Klimaanlage und der Ventilator ist kaputt. Auf ihrem Schreibtisch sitzt eine winzig kleine Eidechse mit hochgerecktem Kopf. Sie huscht nicht erschreckt davon, wenn meine Finger sie berühren wollen, sie weicht nur ein paar Schritte aus. Immer wenn ich das Büro betrete, sitzt sie starr auf ihrem Platz und fängt die Moskitos mit einer blitzschnellen Bewegung ihres winzigen Kopfes. Ich halte die Hitze in Rosalies Büro nie lange aus, sie sitzt da den ganzen Tag über Zahlen gebeugt. „Es ist nicht leicht“, seufzt sie.

Vilma hat mich für den Sonntag zu ihren Eltern eingeladen. Sie wohnen in Zaragoza, nur sieben Kilometer von der *vaqueria* entfernt. Für mich eine Entfernung, die ich sonst jederzeit zu Fuß zurücklege, aber bei dieser

Hitze! Außerdem hat Manuel eine Kutsche gebaut, die heute eingeweiht und den Eltern vorgeführt werden soll. Die Stute wird davorgespannt. Eine Kutsche ist für die momentanen Verhältnisse in Kuba ein Kunststück und ein außerordentlicher Gewinn an Mobilität und Transportmöglichkeit. Das kann ich unschwer ermessen, als wir auf dem Bock sitzend in Vilmas Heimatdorf schaukeln, beladen mit einem großen Ventilator, Früchten und Mais aus Vilmas und Manuels Garten. Die kleine Stute läuft an der Deichsel, an der mit einer Querachse zwei blankgefahrene Traktorreifen montiert sind. Dazwischen ein Kasten mit etwas Ladefläche und dem Bock, auf den sich zur Not vier Menschen quetschen können. Die ganze Konstruktion ist schön miteinander verschweißt. Manuel hat sich noch den Luxus einer schmiedeeisernen Lehne um den Sitzbock herum geleistet. Im Rhythmus des Pferdegangs schlägt mir die Lehne in den Rücken, weil ich das Vor- und Zurückschaukeln der Karre nicht richtig ausbalancieren kann. Es ist, wie wenn man das erste Mal reitet. Die Stute läuft ganz nah vor der Kutsche, und als sie beim Traben den Schwanz hebt, ziehen Vilma und Manuel schnell die Füße weg. Ich begreife zu spät und sie äpfelt mir laut furzend und dampfend auf die weißen Turnschuhe. Die beiden an meiner Seite lachen schallend, sie sind in schönster Laune, küssen sich bei jeder Gelegenheit, freuen sich über die Stute, die Kutsche und daß sie ihren Eltern eine europäische Compañera mitbringen können. Manuel feuert unentwegt die Stute an, weißer Schweiß steigt in ihre Flanken. Vilma ruft vergnügt: „Arbeite, Pferdchen, du allein mußt heute arbeiten, wir haben frei.“ Geduldig klappern die kleinen Hufe, bei jedem Peitschenknall etwas schneller.

Am Ortseingang hat der Eisstand geöffnet. In Töpfen, Kannen, Bechern, Gläsern, Schüsseln, manchmal sogar auf einem Stück Pappe holen sich die Leute das Eis ab. Wir haben leider gar nichts Passendes und müssen verzichten, obwohl wir stehen bleiben und heftig nachdenken, wie wir es anstellen könnten. Das Eis in Kuba schmeckt köstlich. Dann sind wir endlich da, meine Knochen sind von der kurzen Strecke schon mitgenommen. Sind die Menschen vor einem Jahrhundert nicht tagelang auf diese Weise gereist? Vilmas Eltern zeigen sich geehrt und sind stolz auf ihre Tochter, die so einen weitgereisten Besuch in ihr Haus bringt. Im übrigen ist gerade Fußballweltmeisterschaft und alle männlichen Familienmitglieder sind bis zum Abpfiff um den nur noch schwache Konturen zeigenden Schwarz-Weiß-Fernseher versammelt. Vilmas Eltern sind seit Generationen Landarbeiter. Ihr Haus mit dem gerissenen Boden aus Zement, gebaut aus rauhem Holz und schroffem Stein, möbliert mit dem Allernötigsten, dem Allereinfachsten, alt und zerschlissen, ist vielleicht arm zu nennen, ich weiß es nicht genau. Die darin lebenden Menschen strömen etwas aus, was nicht zu Armut paßt. So ein gradliniges Selbstbewußtsein ohne Angst und Demut. Sie wissen noch um das Leben ihrer Mütter und Väter vor der Revolution, die Analphabetentum, Elend, Krankheit und frühen Tod erlitten und hinnahmen wie den Mond am Abend und die Sonne am Tag. Ihr heutiges Leben ist ohne Deklassierung, ohne Angst, ohne soziales Elend, wenn auch voller materieller Probleme.

Auf der Wiese vor dem Haus weidet ein urgewaltiger Zebu-Bulle, ich halte mich in respektvollem Abstand zu ihm. Die Stute haben wir gleich aus dem Geschirr gelassen und auch auf die Weide geschickt. Es gibt Hühner, drei kleine Katzen und einen Bottich voller Fische, die der Vater organisiert, angelt oder fischt und dort immer frisch hält. Die Mutter kocht extra für mich Spaghetti, weil Spaghetti doch aus dem Ausland kommen, teure Dollars kosten und einem Gast aus Europa daher angemessen sind. Beim Abschied drückt mir der Vater eine Plastiktüte mit drei noch lebenden Fischen in die Hand. Ich bin gerührt und denke im Stillen: wie entsetzlich, jetzt muß ich die Fische schlachten. Zubereitung von Fisch ist für mich überhaupt kein Vergnügen.

Auf dem Rückweg hängt der Himmel wie ein schwerer dunkler Vorhang über uns. Wir sind besorgt, ob wir trocken zurückkommen, denn der Regen hier ist mehr als Regen, genauso gut könnten wir durch einen Fluß fahren. Und genauso kommt es dann auch. Auf freier Strecke erwischt es uns, nirgendwo ein Ort zum Unterstellen. Der Wolkenvorhang reißt auf, und als wäre das Meer und nicht der Himmel dahinter, kommen die Wasser herunter. Im Nu fließt es in Strömen an uns herab. Das Pferd beginnt zu rennen, als wolle es den Fluten entkommen. Als wir in den Hof galloppieren, rufen uns die Compañeros schadenfroh zu: „Ha, ihr liebt wohl den kubanischen Regen?!“

Vilma verdient auf der *vaqueria* 65 Pesos im Monat. „Ich bin mit der Arbeit zufrieden, es gefällt mir hier“, erzählt sie. „Was muß ich schon viel tun, das bißchen Küchenarbeit, hin und wieder eines der *Casitas* reinigen und sonst kann ich mich um mich und meine Familie kümmern. Zu essen haben wir hier genug, aber was sind 65 Pesos, wenn ich Seife, Zahnpasta oder Kleidung kaufen muß? Hier auf dem Land kommen wir kaum an

Dollars heran. Es ist schwer auf dem Land, auch wenn wir hier immer genug zu essen haben. Es ist nicht leicht."

Wenige Tage danach kommt Manuel aufgeregt in die Melkstation gelaufen. Er holt zwei Compañeros zu Hilfe. Sie rennen gleich wieder los und erst am Abend erfahre ich, was geschehen ist. Die Stute war auf der Chaussee von einem Auto angefahren worden, und sie mußten sich dazu durchringen, sie zu erschießen. Alle wissen, was das für Manuel und Vilma bedeutet: ein wirtschaftlicher Rückfall um Jahre. Ein Fohlen in den härtesten Zeiten der *Perioda especial* zum Pferd großzuziehen, ist schon keine einfache Sache, denn das geht nicht so nebenbei wie mit Katzen und Hunden, für die immer noch etwas übrig bleibt. Aber dann das „Produktionsmittel Pferd" zu verlieren, das einen Pflug, den Wagen, die Egge zieht, schwere Säcke trägt, sie überall hinbringt und auch noch stolzer Luxus als Reitpferd ist, das ist ein Verlust, der weh tut. Vilma weint und Manuel schluckt den Schmerz hinunter. Ihm war die Stute besonders ans Herz gewachsen. Nach der Arbeit habe ich ihn oft über die Felder reiten sehen. Die gerade Haltung seines Oberkörpers hatte etwas Indianisches. Er wird den Verlust am härtesten zu spüren bekommen. Manuel ist ein Hühne! Stark wie Herkules. Zumindest sieht er so aus, denn noch vor wenigen Jahren war er Body-Builder. Er arbeitet schon wie ein Pferd, aber nun wie zwei arbeiten zu müssen? „Scheiße" sagt er, „was für ein Pech."

Dann erzählt mir Vilma noch, daß die Compañeros von der *vaqueria* Kriegsrat gehalten hätten, wie sie nun mit dem erschossenen Pferd verfahren sollten. In Kuba sind Rinder und Pferde wichtige Produktionsmittel. Sie dürfen nicht privat geschlachtet und gegessen werden. Das Fleisch auch eines überfahrenen Tiers muß bei der Polizei für die staatliche Fleischverteilungsstelle abgeliefert werden. „Na und?“ frage ich Vilma, „Was haben sie nun beschlossen?“ Sie zuckt vielsagend die Schultern und macht ein harmloses Gesicht. Dann lädt sie mich für den nächsten Abend zum Essen ein. Es gibt wunderbar schmeckendes, in Yoghurt und Limonen geschmortes Fleisch, dazu gebratene Bananen, *Calabaza* und Reis mit schwarzen Bohnen. Ich habe Bier besorgt und wir genießen das wunderbare Essen. Dann wage ich die Frage: „Manuel, war das die Stute?“ Er lacht: „Was weiß denn ich, was Vilma da gekocht hat“.

Am nächsten Morgen zieht Vilma mich in den Schuppen. Sie will mir den Wurf der Hündin zeigen. Zehn kleine schwarze Kugeln liegen um die Mutter herum und vor ihr ein enormer, fast ein Meter langer Knochen. Er sieht urig aus wie eine Waffe der Neandertaler und ein bißchen auch wie eine ehemalige Pferdekeule. Das Pferd war noch lange im Gespräch. Die Compañeros waren einhellig der Meinung, daß die Polizisten das Pferd gegessen hätten – wenn sie alle Geister beisammen hätten.

Von Havanna nach Panama und zurück

In den ersten Tagen, ja Wochen meiner Reise habe ich kaum geschlafen. Die Hitze, die Moskitos, aber vor allem die Geräusche des nächtlichen kubanischen Lebens, vertreiben den Schlaf. Es ist ungeheuer geräuschvoll auf Kuba. Und zwar immer. Es gibt vielleicht zwei, drei Stunden vor Sonnenaufgang, etwa zwischen drei und fünf Uhr, das ist von Ort zu Ort verschieden, in denen die Lebensgeräusche auf ein mir gewohntes Maß zurückgehen. In einem ganz normalen Wohnviertel herrscht mehr als zwanzig Stunden am Tag eine Geräuschkulisse, eine Geräuschintensität wie in einer Gesamtschule während der Hauptpause auf einem kleinen Schulhof. Daran mußte ich mich erst einmal gewöhnen. Vielleicht habe ich trotzdem geschlafen, denn am Tage war ich nicht müde, aber die Geräusche zogen Tag und Nacht durch mich hindurch. Wunderbarerweise haben sie mich irgendwann nicht mehr gestört. Ich erklärte mir dies durch die Art der Geräusche: Die Laute waren Äußerungen menschlichen Treibens, kein Verkehrslärm, kein technischer Lärm, kein Maschinenlärm. In Pinar del Rio mußte ich wieder ganz von vorn anfangen mit der Gewöhnung. Waren die Menschen endlich zur Ruhe gekommen, wurden die Tiere wieder wach. Pünktlich um halb vier begann jeden Morgen Josefas Hahn vor meinem Fenster zu krähen, und er war das Signal für alle Hähne des Viertels. Auch für alle Hunde und Schweine. Ich hätte ihn schlachten können! Nach zwei Monaten Kuba störte mich nicht einmal mehr der Hahn. Ich hörte ihn und schlief gleich wieder ein.

Von Havanna nach Panama sind es nur zwei Flugstunden. Ich nahm eine Gelegenheit wahr und flog dorthin, um meine Freundin Judith zu besuchen. Dieser Ausflug trug wesentlich zu meinem Kuba-Bild bei, denn nichts macht Kuba deutlicher als das Gesicht des anderen Lateinamerikas. In Panama City war ich zehn Tage lang im Hotel festgenagelt. Es lag nicht einmal an einer Hauptverkehrsstraße, aber jede Nacht wurde ich vom Autolärm durchgeprügelt, als sollte ich bestraft werden. Aggressives Hupen aus mehrtönigen Hörnern, Bremsen, Rasen und Hupgeräusche, die das kriegsmäßige Niederschießen des Gegners imitieren – als solle der Vordermann von der Straße geschossen werden. Es ist unglaublich! In Panama City haben die Menschen außerhalb der Häuser keinen Platz mehr, da sind nur Autos. Menschen sind nur zu hören, wenn ein Fenster heruntergekurbelt und aus dem Inneren des Autos herausgeschrien wird. Nach drei, vier Tagen dort dachte ich angestrengt nach, was mir an dieser Stadt noch merkwürdig, ja unheimlich vorkommt, außer die alles beherrschenden Autos. Und dann wurde es mir plötzlich bewußt: In Panama City gibt es keine Kinder im öffentlichen Stadtbild. Ich sah auch nirgendwo Spielplätze, dafür gibt es gar keinen Platz mehr. Die Stadt ist für Kinder tödlich. Sie würden sofort überfahren. Jedes nichtbebaute Stück Boden in der Stadt ist von Autos besetzt. Bis an die Mauern der Häuser stehen sie, dazwischen liegen die Elenden auf Müllsäcken. Wenn es Fußwege gibt, sind sie beparkt. Die Straße zu überqueren ist eine Mutprobe.

In Panama City konnte ich mich in den Straßen nicht orientieren. Nur mit Stadtplan und Straßennamen, aber nicht visuell. Alle Straßen sind gesäumt mit der gleichen Art Werbeschilder, riesigen Werbestellwänden, Leuchtreklamen mit immer denselben Namen aller berühmtberüchtigten Weltkonzerne. Ein Autohaus neben dem anderen, eine Tankstelle, eine Elektronikfirma wechselt sich ab mit den Banken und Büros der Multis. Es sieht überall gleich aus. Es gibt auch keine urbane Architektur, keinen Plan, keinen Stil, nichts Zusammengehöriges. Panama City ist ja nicht mehr Lateinamerika, die Stadt ist ein Pool all dessen, was der Kapitalismus aus den von ihm eroberten Stätten gemacht hat: Verantwortungslosigkeit, Chaos, Entmenschlichung. Heimstätte von Ware und Geld. Welch ein Unterschied zu Kuba! Als ich von Panama City wieder in Havanna landete, landete ich in einem anderen Bewußtsein. Es gibt kein krasseres Beispiel als diese beiden Städte in derselben Region. Am liebsten hätte ich Havanna umarmt und geküßt.

Die Mauer des Malecon legt sich wie ein steinerner Fluß um die Bucht von Havanna. Ein rührender Versuch, die Stadt zu schützen, wenn die vor Zorn tobenden mächtigen Wasser das Land erstürmen und ertränken möchten, aufgewiegelt von Taifunen und Zyklonen, denen die Insel auf ihrem rasenden Ritt übers Meer im Wege ist. Ich sah das Meer nur friedvoll, still und einladend, als wäre es immer so. Der Malecon ist Havannas Balkon zum Meer. Sobald die Sonne sich zurückzieht, betreten ihn die Stadtbewohner und hören für ein paar Stunden auf, sich mit dem Leben herumzuschlagen. Einige Männer und junge Burschen angeln, ihre Fahrräder haben sie auf die Mauer gehoben, um sie im Auge zu haben. Liebespaare sitzen oder liegen ineinander versunken auf der Mauer. Rumflaschen und Zigaretten liegen herum. Jugendliche spielen oder hören Musik und tanzen dazu, Familien lassen sich nieder, Katzen und *Cucarachas* huschen über den Malecon, um vom Meer zum Land zu gelangen und umgekehrt. Touristen spazieren befreit von der Tageshitze an den Ruhenden vorbei. Manche sitzen vertieft und lesen in vergilbten Büchern, da liegt einer und schläft, da betrinken sich zwei Typen. Chic gekleidete *Jineteras* und *Jineteros* stehen taxierend herum, machen sich diskret oder keß an die Touristen heran. Tagsüber habe ich sie vor dem Hotel Habana Libre getroffen, hier am abendlichen Malecon verlegen sie sich auf die Romantik. Salznüsse, Popcorn und selbstgemachtes Gebäck werden verkauft. Es wird schwarz gehandelt, es werden Geschäfte gemacht. Die Stimmung ist zwanglos, entspannt, für mich doch ein wenig exotisch. Ich weiß sehr wohl, daß die Dinge für mich nicht durchsichtig sind.

Die weiche feuchte Wärme macht Lust, sich auf dem warmen Mauersims der Länge nach auszustrecken. Zum Meer hin wird es schnell dunkel, nur die Oberfläche des Wassers glitzert wie ein Schwarm tanzender Perlen, und der Leuchtturm nahe der alten Festung del Morro sendet lange goldene Streifen herüber. Die Wellen, so zurückhaltend heute, überspülen in leiser Geschwätzigkeit die Klippen. Vor dem Malecon stinken und lärmen die Autos aus fünf Jahrzehnten vorbei und die Risse der Gemäuer von gegenüber sind dunkle Schatten. Ich lasse mich auf der Mauer nieder, rauche und finde die Stadt im Abendlicht nicht mehr so extrem – extrem heiß, extrem laut, extrem mobil und rhythmisch, extrem üppig, was Schönheit und Verfall betrifft. Heute Nachmittag bin ich durch die Stadt gelaufen, habe wie wild fotografiert im besessenen Wunsch, diese Gegensätze bildlich zu machen, obwohl ich weiß, daß mir jedes Talent fehlt, die starken optischen Empfindungen auf einer Fotografie festzuhalten. Diese Maßlosigkeit an vergangener Geschichte, mit der die Gegenwart sich abschleppt! Ein Alptraum, der die Straßen verstopft mit seinen zusammengestürzten Altersschönheiten. Aber man sieht nicht nur Verfall, überall auch die Anstrengung des Rettens, wie ein atemloses Rennen. Und ich muß daran denken, wie viele Architekten auf der Welt davon träumen, sich diese Stadt unter den Nagel zu reißen, ihr eine moderne Disziplin, Struktur zu geben, sie neu zu erschaffen, in neuer Maßlosigkeit. Für Kuba scheint es fast unmöglich zu sein, Havanna dem Verfall zu entreißen, auch wenn die Unesco finanzielle Hilfe leistet. Aber auch hier gilt das Motto von Che: „Seien wir realistisch, versuchen wir das Unmögliche." Das Klima ist aggressiv, Material und Mittel karg. Selbst neu erbaute Gebäude sehen nach wenigen Jahren schon heruntergekommen aus.

Ich nehme im ehrwürdigen Hotel Inglaterra einen Mojito und dann vom Parque Central aus einen Anlauf, um die historischen und berühmten Stätten von *Habana vieja* zu besuchen, die ein touristisches Muß sind. Alles laufe ich ab: vom *Floridita* zur *Boudegita del Medio*, Hemingways Lieblingskneipen, vorbei an Kathedralen und von der Unesco restaurierten historischen Gebäuden, vorbei an Denkmälern und Geburtshäusern wichtiger Personen. Es war mir schon immer langweilig und eine Qual, museale Stätten zu besichtigen, in denen sich nur noch Touristen aufhalten, wo nicht mehr wirklich gelebt wird. Und in Havanna machte es mir noch weniger Freude, weil hier nahezu jedes Wort, jede Geste, jede Berührung zwischen mir als Ausländerin und den Kubanern den Dollar zum Inhalt hat. An diesen Touristikorten finde ich nur die Schattenseiten des gegenwärtigen Transformationsprozesses in Kuba: um Dollar bettelnde Kinder, *jineteros,* die einfach nicht abzuschütteln sind, Geschäfte machen, abzocken, Betrug. Hier ist der Teil Kubas aktiv, der mich nicht interessiert, weil sich hier wieder das alte Warenverhältnis etabliert, das mir zum Hals raushängt. Also verschwinde ich möglichst von solchen Orten. Sie sind noch nicht das Wesentliche von Kuba.

Ich suche das andere Kuba, das sich aus der Revolution entwickeln sollte und es immer noch will. In Miguel besteht es fort und in Alicia, die mir gesagt haben: „Ja, wir sind Fidelisten, wir sind es, weil wir dasselbe wollen wie er. Glaubt ihr denn, daß wir all die Schwierigkeiten aushalten für ihn? Daß wir die letzten acht Jahre seinetwegen durchgestanden haben? Nein, weil wir selbst das freie, gerechte Kuba wollen, weil unsere und seine Ideale dieselben sind. Wenn er mal nicht mehr da sein wird, sind wir noch da und führen unsere Geschichte weiter. Das ist nicht zu trennen, Fidel und wir. Die Revolution hat das kubanische Volk gemacht. Fidel hat sie durch alle Gefahren geführt, er stellt seine außerordentlichen Fähigkeit in unseren Dienst." Und es besteht fort in den Compañeros auf der *vaqueria*, in Elena, die mir gesagt hat: „Mein Kind wird in Kuba glücklich aufwachsen", und in Vivo, mit dem ich nur Domino spielte und der sich schweigend ausdrücken und mitteilen konnte. Es lebt auch in Ana, wenn sie sich Fidels Reden anhört und stöhnt: „Nein, er hat uns nichts mehr zu sagen, er redet nicht mehr mit uns. Er spricht nicht über unsere Realität, er redet nur noch von vergangener Geschichte." Und dann ein paar Tage später begeistert ausruft: „Habt ihr seine Rede in Barbados gehört? Niemand hat die Globalisierung und ihre Wirkung jemals besser definiert als er. Warum spricht er nur im Ausland so, nimmt er uns nicht mehr ernst?"

Im übrigen sind mir in den drei Monaten in Kuba kaum Bettler begegnet, allerdings sehr viele Schnorrer, die nicht aus wirklicher Not betteln. Sie nehmen nur Dollar und verschmähen den Peso. Aber auch die Wenigen, die hastig und verschämt den Peso in die Tasche stecken, um den sie baten, schnitten mir jedesmal empfindlich ins Bewußtsein, auch wenn ich weiß, daß es in jeder Gesellschaft Menschen gibt, die ihr Leben nicht selbst organisieren können und sich dem Wohlwollen oder der Verachtung der Gesellschaft ergeben. Aber ich kann auch hier den Vergleich nicht unterlassen: Auf dem Weg vom Hauptbahnhof zu meiner Arbeitsstelle in Saarbrücken, zwanzig Minuten durch die städtische Konsummeile, haben mich an einem Tag mehr Menschen angebettelt als in drei Monaten in Kuba. Wie stolz waren die Kubaner und Kubanerinnen nach einigen Jahren des sozialistischen Aufbaus: Kein Mensch mußte mehr würdelos sein Brot verdienen, es gab keine Kinderarbeit mehr, keine Schuhputzer, keine Bettler, keine Prostitution, keine Slumgürtel mehr um die Städte herum. Jetzt kommt alles wieder angeschlichen, im Schatten der Transformationsprozesse, weil Würdelosigkeit eine Bedingung für das Funktionieren des Kapitalismus ist.

Dem Besuch im Revolutionsmuseum konnte ich nicht widerstehen. Zu jung ist die Vergangenheit der Kämpfe um eine neue gerechte Gesellschaft. Unserer hier in Europa, wo wir in den siebziger Jahren versucht haben, im Dschungel der Städte den Guerillakrieg gegen die kapitalistischen Eliten zu entfachen, und der Guerillakrieg aus den Bergen der Sierra Maestra heraus gegen das Batistaregime. Zu ähnlich waren unsere Träume, unsere Überzeugung und der Wille, sie zu verwirklichen. Es ist, als besuchte ich die Stätte meiner eigenen Vergangenheit. Und so stehe ich vor den alten Gewehren und Pistolen und fühle die Hände, die sie umschließen, die Angst, die Entschlossenheit, sehe das gespannte hochkonzentrierte Gesicht über dem Lauf mit dem Ausdruck: Wir oder ihr. Leben oder Tod. Es sind dieselben Waffen, ja dieselben Jahrgänge und Modelle, mit denen auch wir angefangen haben, inspiriert von den siegreichen Rebellionen in Kuba und Afrika. Die *Granma* steht in einem gläsernen Haus vor dem Revolutionsmuseum. Sie ist so klein und mickrig, ich kann es kaum glauben, daß 82 Leute mit Waffen und Munition darin übers Meer kommen konnten.

Der Museumsbesuch hat mich aufgeregt und ermüdet. Zurück nehme ich mir ein Fahrradtaxi. Es kostet mich Überwindung, weil es so ein koloniales Verhältnis ausdrückt. Aber das ist nur mein Problem, ein junger Kubaner beschwatzt mich solange, bis ich endlich einsteige. Er hat in der DDR studiert, spricht noch etwas deutsch und erzählt mir, daß sein Bruder immer noch in Deutschland ist, in Köln. Warum sie sich nicht so winzige Motoren an ihre Fahrradrikschas bauen würden, frage ich ihn. „Das dürfen wir nicht." Und warum nicht? Die Frage kann ich mir im selben Moment selbst beantworten. Es ist natürlich ein Benzinproblem, aber er dreht sich zu mir um und sagt spitzbübisch: „Weil unser Comandante uns halt gerne schwitzen sieht."

Santiago de Cuba

Ich wollte unbedingt mit dem Zug und nicht mit dem Flugzeug reisen. Der Flug kostet fünfzig Dollar mehr, das ist schon ein Argument für den Zug, aber ich war auch gespannt, weil es so viele Geschichten um diesen Zug von Havanna nach Santiago de Cuba gibt: daß er nie fährt, wenn man mit ihm rechnet, daß er nie ankommt, wenn man auf ihn wartet, weil er unterwegs irgendwo stecken bleibt, daß nachts, wenn alle schlafen, das Gepäck geklaut wird, daß er immer überfüllt ist – ich stellte mir aus dem Fenster hängende und auf dem Dach sitzende Reisende vor –, kurz, daß diese Reise eine Plage oder ein Abenteuer ist.

Bei meinen frühzeitigen Erkundigungen nach Fahrzeiten, Fahrplänen und Reglements war mir versichert worden, daß ich meine Fahrkarte erst am Reisetag zu kaufen brauchte. Meine Erfahrung mit den Unwägbarkeiten des kubanischen Alltags veranlaßte mich, ganz früh am Bahnhof zu sein, und das war ein Glück: ich bekam gerade noch den letzten Sitzplatz im letzten Wagen. Der Fahrplan gab an, daß der Zug täglich um 16.35 Uhr vom *Estacion Central,* Havannas Hauptbahnhof, abfährt. Der Zug ist so etwas wie eine Institution, um die herum sich jeden Tag an allen von ihm befahrenen Orten, ganz gleich zu welcher Zeit er auch eintrifft, rege Handelsaktivitäten entwickeln. Er ist das tägliche zentrale Ereignis der Bahnhofswelt und der Leute, die an der Bahnstrecke ihre Waren verkaufen. Die Reise ist lang und die Kubaner lieben es, zu essen und zu trinken.

Havannas Hauptbahnhof ist gepflegt und hat einen Hauch englischer Gediegenheit. Die Bewältigung der bürokratischen Hindernisse, um zu einer Fahrkarte zu kommen, erfordern Gelassenheit. Die Bahnhöfe funktionieren ähnlich wie ein Flughafen: ohne Ticket kein Zutritt zu den Wartesälen und Bahnsteigen, ohne Paß oder Ausweis kein Ticket. Die Warteräume sind wie Gates, und die schmalen Pforten zum Bahnsteig öffnen sich erst, wenn der Zug bereit steht. Es gibt in der Abfahrtshalle viele bequeme Sitzgelegenheiten, drei Verkaufsstände für Dollar-, einen für Pesozahler mit belegten Brötchen, einheimischen Erfrischungsgetränken und Rum. Da sitze ich nun den ganzen Tag wartend herum, traue mich nicht, meinen Rucksack aus den Augen zu lassen, und beobachte, wie sich die Halle allmählich füllt und die Leute es sich gemütlich machen. Viele haben sich Essen und Trinken in kleinen übereinandergestapelten Aluminiumtöpfen von zu Hause mitgebracht, Radios laufen, Säuglinge werden gestillt, Kinder spielen und rennen wild durch die geduldige Menge. Es ist ein lautes und dennoch gelassenes Warten. Niemand gerät in Unruhe oder Ungeduld, als die Zeiger der Uhr sich über die geplante Abfahrtszeit schieben. Nur ich, die ich seit Stunden an mein Gepäck gefesselt dasitze und mich aus Angst vor Dieben nicht fortbewege. Es sind immer die Kubaner selbst gewesen, die mich zu dieser Vorsicht angehalten haben: „Laß dein Gepäck nicht aus den Augen, nimm deine goldene Kette vom Hals, paß auf alles auf.“ Sie erschrecken vor der Kriminalität, die sich von den Tourismuszentren her ausbreitet, mißtrauen den Jugendlichen. Diese Kriminalität ist neu für die kubanische Bevölkerung und führt zur Verunsicherung, obwohl sie noch auf geringem Niveau, spontan, unorganisiert und wie zufällig daherkommt, ohne brutales Vorgehen und harmlos im Vergleich zu anderen Ländern. Aber sie ist da. Alle empfinden sie als Vorboten von Schlimmerem. Ich habe die Ratschläge, auf meine Sachen aufzupassen, angenommen, obwohl ich in Kuba nirgendwo und nie das Gefühl hatte, mir könnte etwas passieren.

Ich muß über diesen Fahrplan lachen. 16.35 Uhr! Fünfunddreißig, als würde diese Reise jemals nach Minuten angetreten. Es ist eine dieser charmanten kubanischen Blüten des guten Willens: Es wird zwar die Notwendigkeit von Pünktlichkeit und Disziplin anerkannt, aber keineswegs wird der Lebensrhythmus ihnen unterworfen. Alle Dinge müssen ihre Ordnung haben, jawohl, aber wie genau diese Ordnung aussieht, welchen Raum, welche Zeit sie einnimmt, ist ziemlich offen, läßt Bewegungsfreiheit. Der kubanische Begriff von Leben, die Mentalität, schützt die Kubaner davor, sich von der Vielfältigkeit der Probleme, dem materiellen Mangel, dem Druck der objektiven Schwierigkeiten beherrschen zu lassen. Hauptsache ist, der Zug geht mit der gebotenen Sicherheit auf die Reise. Die Zeit hat Zeit.

Nach einer Stunde Verzögerung kommt die erste Durchsage, man möge noch ein wenig Geduld haben, die technischen Probleme seien bald behoben. Nach einer weiteren Stunde ertönt die Versicherung, jetzt ginge es gleich los. Ohne Hast beginnen die Leute, ihr Gepäck zu ordnen, die Kinder zu rufen und die Nähe der Pforten zum Bahnsteig zu suchen. Ich schließe mich ihren Bewegungen an, und bald haben wir uns dicht an dicht vor der Absperrung aufgebaut. So stehen wir bei mehr als 30 Grad im Schatten nochmal zwei Stunden. Ich bin einer Krise nahe. Die Schweißtücher werden immerzu ausgewrungen, eine Frau vor mir reicht mir ihren Fächer. Langsam wird es eine Zumutung, die auch die Geduld der Kubaner überfordert. Der Siedepunkt scheint erreicht. Ein heftiges Gezeter schwillt an und als endlich die Pforten geöffnet werden, gibt es ein wüstes Gedränge, Geschiebe und Geschrei, wie ich es noch nicht erlebt habe. Niemand zeigt mehr seine Fahrkarte vor, die Kontrolleure werden fast überrannt. Mein Rucksack entgleitet meinen Händen und wäre mir um ein Haar abhanden gekommen, irgendwohin abgedriftet in der stürmenden Menge.

Im Zug stellen wir alle fest, daß unsere Panik völlig überflüssig war. Jeder hat seinen sicheren Sitzplatz. Keine einzige Karte mehr war verkauft worden, als Sitzplätze vorhanden sind. Diese „Ordnung“ überraschte mich nun wieder, hatte ich doch einen ganz überladenen Zug erwartet, ähnlich, wie ich es auf Bildern aus Indien oder aus Kriegszeiten gesehen hatte. Oder Verhältnisse wie in den *Camellos*. Die Leute beginnen gleich nach Einnahme der Plätze, sich auf ein kleines gemeinsames Leben bis Santiago de Cuba einzurichten. Das Gepäck wird verstaut, Essen und Trinken bequem erreichbar gelagert, die Kinder zufrieden gestellt, die Rumflasche herausgeholt, dann stellt man sich den Nachbarn vor und es wird auf eine gute Reise angestoßen. Schon nach kurzer Zeit, wir sind kaum eine Stunde von Havanna weg, habe ich das Gefühl, daß alle Leute im Wagen Nr. 10 sich schon ganz lange kennen. Sie diskutieren, sie singen, hören Nachrichten im Radio, spielen Schach, Domino, hören Musik, leihen sich dies und jenes gegenseitig aus, trinken zusammen. Nach einigen Gläsern Rum schlafe ich, erschöpft von dem langen Bahnhofstag, ein und erwache wieder tief in der Nacht. Wir haben gerade Aufenthalt in Santa Clara. Ich erwache nur deshalb, weil sich eine Hand auf meinen Kopf gelegt hat. Es ist mein Nachbar, er sagt, ich solle lieber meine Kappe abnehmen, gerade hätte ein Junge von außen durchs Fenster gegriffen, um sie von meinem schlafenden Kopf zu ziehen. Aber die Nacht ist kalt und die Fenster sind nicht zu schließen, so behalte ich die Kappe auf dem Kopf. Wenn sie mir denn gestohlen werden sollte, kann ich immer noch frieren. In Havanna habe ich sie schon oft festhalten müssen.

Der Wagen Nr. 10 ist der letzte und wir stehen weit außerhalb des Bahnhofs direkt auf einer Straße ohne Schranke. Die Leute aus Santa Clara warten seit fünf Stunden mit ihren belegten Brötchen, Erfrischungen, Eis, Süßigkeiten, Kuchen, Knoblauch, Gemüse, Obst, gerupfte Hühner, also allem, was es in der Stadt schwer gibt. Im Zug sitzt die Kundschaft ihres täglichen kleinen Privathandels, der eigentlich verboten ist, sich aber jede Nacht früher oder später rege entfaltet. Als sich zu viele Leute zwischen den Geleisen befinden, demonstriert ein Bahnpolizist seine Autorität und die Verkäufer ziehen sich schnell hinter eine Straßenecke zurück, nur solange bis der Polizist sich wieder anderen Dingen zuwendet. In meinem Wagen sind wieder starke Aktivitäten in Richtung Essen und Trinken ausgebrochen. Ein Gerenne und Gerufe, viele steigen aus, vertreten sich die Beine, wickeln ihre Einkäufe ab. Es ist wie am Tage auf dem Markt. Der Aufenthalt dauert solange, daß ich in meiner Schläfrigkeit schon den Verdacht hege, sie hätten uns als letzten Wagen nach dem vielen Rangieren einfach da vergessen.

Dieses geschäftige Treiben findet auf der ganzen Strecke bei jedem Halt statt. Am nächsten Tag treffen wir um zwölf Uhr in Santiago de Cuba ein. Ich steige gerädert, übermüdet und steif aus meinem Sitz, den ich aus lauter Furcht, mir könnte das Gepäck geklaut werden, nicht einmal verlassen habe. Ich habe all die Stunden nichts gegessen und außer ein paar Gläsern Rum auch nichts getrunken. Der Bahnhof ist neu erbaut, aber ich bin so übernächtigt, daß ich nicht viel nach rechts und links sehe, wünsche mir nur eine Dusche, ein Bett und möglichst auch ein Frühstück mit Milchkaffee. Zum ersten Mal überlasse ich mich einem jungen Burschen, der mir ein Taxi und ein Privatquartier bei seiner Tante offeriert. Fast schlafe ich schon in dem Taxi ein, aber der Benzingestank und das ruckartige Vorwärtskommen halten mich noch wach. Das Fahrzeug besteht nur noch aus dem spuckenden Motor und einem beuligen Karrosseriegerüst. Ich hoffe inständig, mein Quartier möge dem Auto nicht ähneln. Aber welch eine glückliche Fügung: Eine Stunde später schlürfe ich frischgeduscht auf der Veranda meines schönen Appartements den Milchkaffee. Danach schlafe ich zufrieden und in Vorfreude auf die nächsten Tage zwischen zwei surrenden Ventilatoren bis zum Abend.

Die Vermieterin ist mir behilflich, die Adresse der Compañeros herauszufinden. Das ist wirklich nicht einfach, weil die Straßen in den Stadtplänen Namen haben, die mit der Postadresse oft nicht übereinstimmen. Das Postsystem hat andere Orientierungspunkte. Selbst die Kubaner finden sich schwer darin zurecht. Endlich finden wir die Straße und das Haus, aber niemand ist anwesend. Die Nachbarn wissen Bescheid, die Compañeros sind in Deutschland. Also bleibt mir nichts anderes übrig, als mich für länger in dem Appartement einzumieten. Die Señora macht mir Frühstück und kocht für mich, das Quartier ist wunderbar geeignet für drei Personen, nun muß ich nur noch dafür sorgen, daß Charlotte und Rosa mich auch finden, falls sie überhaupt kommen.

Santiago bereitet sich auf den Karneval und den 26. Juli vor. Fidel Castro wird kommen und in der ehemaligen Moncada-Kaserne eine Rede halten. Die Kaserne wurde nach der Revolution in eine Schulstadt verwandelt. Der Sturm auf die Moncada-Kaserne war 1953 das Fanal zur Befreiung von der Batista-Diktatur, die Einleitung der kubanischen Revolution. Die Stadt ist geschmückt und behängt mit revolutionären Parolen, Fahnen und Plakaten, die Atmosphäre ist fiebrig, die Straßen Tag und Nacht voller Bewegung. „In Santiago ist immer der 26.“, lese ich wieder und wieder. Die Portraits der kubanischen Freiheitskämpfer überspannen die Straßen, die Häuserwände, die Plätze und Parks. Die Kubaner berufen sich nicht auf Marx, Engels und Lenin, ihre revolutionären Traditionen wurzeln in der nationalen Geschichte, in Hatuey, dem indianischen Rebellen, in

Carlos Manuel de Cèspedes, dem Führer des ersten Unabhängigkeitskrieges gegen die spanischen Kolonisatoren 1868-78, in Antonio Maceo, der in diesem Krieg die Guerilla führte, in José Marti, dessen theoretisches Schaffen zu den geistigen Grundlagen der kubanischen Revolution gehört, in Che Guevara, dem großen heroischen und moralischen Beispiel der vorerst letzten Etappe der kubanischen Revolution. Sie sind immer und überall präsent.

Für Fidel soll alles schön sein. In aller Eile werden noch die Häuserfronten frisch gestrichen. Die Männer streichen die Wände mit ganz kleinen Pinseln, es gibt keine größeren, und ich wundere mich, daß sie trotzdem irgendwann fertig sind. Santiago ist eine helle, pulsierende Stadt, mit recht gut erhaltener kolonialer Architektur und karibischem Flair. Fidel kommt, das macht die ganze Stadt mobil, der Besuch löst Freude und Erwartung aus. Nein, nicht bei allen. Der junge Kubaner, der von Europa träumt, der eine Arbeit in Italien finden möchte, und sich vom ersten Gehalt eine dicke goldene Halskette kaufen will, ins teuerste Restaurant zum Essen gehen will, sich dann vom letzten Geld eine Pistole kaufen will und vom allerletzten das schönste Poster von Fidel (auch er sagt Fidel, niemand spricht von Castro) auf das er dann schießen will, solange die Munition reicht. Nein, dieser junge Kubaner freut sich nicht, er sucht seine Chance und lungert in der Nähe des größten Hotels der Stadt herum, am Hotel Santiago de Cuba. Jeden Tag gehe auch ich dorthin, sitze eine geraume Zeit im kühlen Foyer herum, wo die Geräusche so gedämpft, und die Bewegungen so verhalten sind, ganz anders als außerhalb der vornehm getönten Scheiben. In Havanna hatten wir das Hotel Santiago de Cuba als Treffpunkt ausgemacht und so habe ich hier eine Nachricht hinterlegt. Es ist ganz unsicher, ob unsere Organisierung klappt, denn meine Genossinnen kommen aus Montevideo. Vielleicht haben sie keinen Flug mehr gekriegt, vielleicht ist Rosa krank ...

So durchquere ich täglich die Stadt, Karnevalstribünen werden aufgebaut, Verkaufsstände an den Straßenrändern stehen schon dicht an dicht, Tanzgruppen proben auf der Straße. Aus den Lautsprechern dröhnen schier ohrenbetäubende Rumba-Rhythmen. Und Lachen, Schreien, lautes Gehämmer, alle scheinen gut drauf zu sein. Der Karneval beginnt und das heißt in Kuba auch immer: es gibt Genüsse, die im Rest des Jahres rar und nur schwer zu haben sind: Bier, solange der Vorrat reicht, knusprige Spanferkel, köstliche Süßigkeiten etc. Mein Quartier ist ganz in der Nähe vom *Parque Céspedes*, dem Herz Santiagos. Er ist benannt nach dem Nationalhelden, dem *Padre de la Patria,* Carlos Manuel Céspedes. Der Park ist schön (das muß ich übrigens von allen Parks in Kuba sagen). Gesalzene Nüsse kauend, Zigarette rauchend sitze ich dort manchmal im Schatten der alten Bäume und ruhe mich von der Hitze aus. Die Kathedrale aus dem 16. Jahrhundert im Rücken, schaue ich auf das historische Rathaus. Hier hat Fidel Castro am 1. Januar 1959 den Sieg der Revolution verkündet. Die Einwohner von Santiago bilden sich eine Menge auf ihre revolutionäre Tradition ein. Ihre Stadt ist für sie die Hauptstadt der Revolution. Die alten Männer behaupten alle, sie hätten mit Che und Fidel in den Bergen gekämpft. Ich habe keine Wohnung gesehen, in der nicht das Portrait von Che hängt, nicht selten hängt ein Poster von „el Papa", dem Papst, gleich daneben.

Die politischen Parolen sind hier in Santiago zahlreicher als anderswo. Santiago will keine Zweifel aufkommen lassen: hier ist die Wiege der Revolution. Ich spüre in der Stadt noch etwas anderes. Ist sie eine Spur aggressiver in ihrer Ausstrahlung? Oder sind die Leute hier nur leidenschaftlicher, expressiver? Vielleicht widersprüchlicher, weil sie sich stärker als anderswo von der revolutionären Dominanz ihrer Mütter und Väter bedrängt sehen? Die Widersprüche sind einen Hauch schärfer. Nicht die sozialen, nicht die kulturellen, sondern solche, die sich aus der Behauptung und Verteidigung revolutionärer Werte und ihrer Zerreibung in den Realitäten der Gegenwart entwickeln. Die junge Generation kann sich in den Parolen ihrer Mütter und Väter nicht mehr klar erkennen. Ihre Realität ist nicht der Revolutionsprozeß, sondern die Transformation in den Kapitalismus. Die Drängelei vor den Dollarshops ist ungeduldiger, die *jineteros* sind routinierter, hartnäckiger, die Diskussionen mit den Jugendlichen enthalten entschiedenere Kritik.

Vielleicht liegt es am Karneval – ich empfinde Santiago als junge Stadt. Die Straßen und Parks sind voller Jugendlicher: offenherzig, lässig, cool, sehr selbstbewußt. Die Enkelkinder der Revolution, sie sind überall präsent und sehen nicht so aus, als fühlten sie sich noch stark an das revolutionäre Werk ihrer Großmütter und Großväter, ihrer Eltern gebunden. Sie achten es, aber es bindet sie nicht, sie wollen ihre eigenen Wege ausprobieren und erwarten von der Zukunft ein anderes Leben als das ihrer Eltern. Sie wollen weitergehen, wohin ist unklar, aber ohne Verleugnung des Weges ihrer Mütter und Väter. „Wir haben ein Recht auf unsere eigenen Fehler“, sagen sie. „Schaut doch Frank País an“, sagt Guiermo, „er war fast noch ein Kind und wie entschieden hat er Verantwortung getragen.“ Guiermo ist gerade zwanzig, sensibel und nachdenklich, er möchte sich nicht mehr bevormunden lassen. Der Abschied vom Sozialismus fällt der jungen Generation nicht sehr schwer, es war nicht ihr Kampf. Sie kann nicht wirklich wissen, was sie der Revolution schuldet: ihre Bildung, ihre Gesundheit, ihr Selbstbewußtsein und ihre Schönheit, die aus diesem Selbstbewußtsein erblüht. Ihre Zeit ist die Gegenwart, die auch in Kuba beginnt, revolutionäre Traditionen zu brechen und sozialistische Ethik zu verdrängen. Diese Zeit müssen sie meistern und sie wird ihnen nicht weniger als die ständige Verteidigung ihrer Unabhängigkeit und Würde abverlangen. Bei einem Teil der Jugendlichen gibt es ein Bewußtsein darüber. Sie fühlen sich stark, selbst dem Kapitalismus fühlen sie sich gewachsen!

José setzt sich zu mir auf die Bank. Er ist jung, schön und schwarz. Ich will meine Ruhe haben und reagiere unfreundlich auf seine Frage, woher ich komme. Er bleibt höflich und charmant, aber er geht nicht und wir unterhalten uns dann doch lange über sein Land. Er möchte lieber im Kapitalismus leben, aber ohne die Yankees und vor allem mit Fidel. Er hat keine Arbeit, möchte im Tourismus arbeiten, das wäre für ihn traumhaft. Es ist schon dunkel, als wir uns trennen, der Park ist noch voller Leben.

Der Durst ist mein ständiger Begleiter, was mich alle Furcht vor dem einheimischen Wasser vergessen läßt.

An der breiten Avenida Garzon, die hinunter zum Hotel Santiago de Cuba führt, und in der sich die offiziellen Karnevalsnächte mit ihren Tänzen und Umzügen abspielen, trinke ich mich von einem *Batido* zum nächsten, das ist ein köstliches Getränk aus Früchten und Eis, im Mixer schaumig geschlagen, und kostet nur einen Peso. Der Karneval hier in der Avenida beginnt nicht vor 22 Uhr, aber die Leute warten nicht auf den offiziellen Beginn. In den Seitenstraßen machen sie ihre eigenen Umzüge und Rituale. Trommlergruppen, die Congas, ziehen mit traditionellen, manchmal auch selbstgemachten Instrumenten und großen Pauken tanzend durch das Viertel, jeden mitreißend, der sie hört und sieht. In Kostümen, in T-Shirts, in Straßen- oder Festkleidung bewegt der anschwellende Zug sich klatschend, singend, lachend, stampfend, trommelnd in rituellen Bewegungen oder Rumbarhythmen durch das Viertel. Viele Stunden lang höre ich mal aus der Nähe, mal von Ferne ihre dröhnenden Trommelbotschaften, lausche auf der Terrasse meines Quartiers den eigenartigen Rhythmen und Klängen. Manchmal ist mir, als würden sie alle nicht zusammenpassen und gleich darauf ist es wieder eine tanzende Einheit. An kleinen, nur zum kurzen Ausruhen gedachten Plätzen spielen Musiker klassische kubanische Musik. Santiago ist ja auch die Geburtsstätte des kubanischen *Son*.

Am unscheinbaren Hotel Rex, in dem Che einige Nächte Quartier bezogen hatte, gibt es eine Straßenecke, die ein paar Schuhputzer und eine Gruppe alter Männer zu ihrem Quartier gemacht haben. Uns Vorbeigehenden bieten sie manchmal die *Granma* an oder ein paar Limonen und Mangos. Die Alten sind immer in laute

Diskussionen verwickelt und hier machen schwarze Musiker von ebenso hohem Alter ihre Musik. Sie sind die Nachfahren der Sklaven, die im 18. Jahrhundert als französisches Eigentum von Haiti nach Kuba gebracht wurden, als die französischen Pflanzer wegen der Sklavenaufstände aus Haiti ausgewandert waren. Sie spielen und singen selbstvergessen, hingegeben und aufeinanderbezogen, mit Instrumenten ihrer Urväter. Die Leute stehen um sie herum, mitgerissen, aufmerksam und bei besonders schönen, gelungenen Passagen geht ein Raunen durch die Zuhörer, eine bewundernde Kennerschaft, von der ich ausgeschlossen bin. Manchmal bittet ein Zuhörer um ein bestimmtes Instrument und reiht sich in die musikalische Versunkenheit ein, während einer der alten Meister einen Moment pausiert. Sie spielen von innen heraus, erzählen mit den Musikinstrumenten ihre Geschichten, ihre Lieder berichten von ihren Wünschen, Enttäuschungen, Leidenschaften und ihrer Freude. Ich habe viele solcher Musikgruppen spielen sehen. Später sagten mir die Leute, das wäre nur in der Karnevalswoche so.

In der Nacht sitze ich am Rand der großen Paradestraße und schaue mir das Treiben an. Eine Italienerin setzt sich zu mir. Sie ist ganz übernächtigt, gerade angekommen. „Was für ein Land, dieses Kuba“, sagt sie. Weil sie erst kürzlich aus dem Krankenhaus entlassen war, wollte sie eine ganz ruhige kleine Genesungsreise machen und hatte sich Kuba dafür ausgesucht. Sie hatte den Zug von Havanna nach Santiago de Cuba genommen, aber in Santa Clara blieb er defekt auf der Strecke liegen und so hatte sie sich auf einen Bus nach Camagüey eingelassen, um von dort aus irgendwie weiterzukommen. Auch der Bus blieb unterwegs kaputt liegen, und sie hat sich daraufhin allein durchgeschlagen. Um nach Santiago zu gelangen, ist sie nacheinander mit einem Lastwagen, zwei Ochsenkarren, auf dem Gepäckträger eines Fahrrads, mit dem Motorrad und mit dem Taxi gereist. Das Land sei ja so aufregend.

Santiago erstaunt mich. Jeden Morgen werden in aller Frühe die Straßen gekehrt, nach jeder Straßenveranstaltung wird umgehend der Müll beseitigt. Die Kubaner haben eine unselige Art, die Papierkörbe zu ignorieren und alles hinter sich zu schmeißen. Es gibt immer wieder Kampagnen gegen diese Unsitte, sogar im Fernsehen, aber sie helfen nicht. Das Extremste ist mir in der Provinz Pinar del Rio am Strand begegnet. Dort gibt es ein großes Feriengelände für die kubanische Bevölkerung, mit kleinen Hütten und einer offenen Disco-Bar. Ich war schon einige Wochen zuvor einmal dort gewesen, da war der Strand verlassen, die Hütten unbewohnt, die Disco geschlossen. Aber jetzt am Wochenende ging es zu wie auf einem Festival. Ein Laster voller Melonen war an den Strand gefahren und verkaufte die Früchte vom Wagen herunter. Strand und Wasser waren bedeckt mit Melonenschalen, sie schwammen einen Kilometer weit ins Meer hinaus, dazwischen die Picknickreste von einigen tausend Menschen. Ich flüchtete unangenehm überrascht. Soviel öffentliches Geputze und Gefege wie in Santiago habe ich allerdings nirgendwo sonst in Kuba erlebt. Überhaupt ist in Kuba nirgendwo die fehlende Hygiene, die Vermüllung der großen lateinamerikanischen Städte zu finden. Auch nicht in Havanna, wo teilweise die Kanalisation unzureichend ist, das Wasser oft abgestellt wird, und die

Straßen manchmal vom Schutt der zusammenfallenden Häuser versperrt sind. Natürlich ist Kuba nicht das Schwabenland. Solche Vorstellungen von Sauberkeit und Ordnung gehen an den kubanischen Möglichkeiten, an ihrer Toleranz und Mentalität vorbei. Die Größe, an der man Kuba immer messen sollte, kann nur der „Dritte Welt“-Standard sein. Während meines Ausflugs nach Panama, habe ich auch die zweitgrößte Stadt des Landes, Colon, besucht. Sie liegt am anderen Ende des Panama-Kanals. Die Stadt war vollkommen zugemüllt. Nur die Hauptstraße, die die Stadt bis zum Meer durchschneidet, war einigermaßen müllfrei. In allen Seitenstraßen lagen aneinandergereiht Berge stinkenden Abfalls, zwischen den Häusern stand die knöcheltiefe Jauche, in der die Kinder Fußball spielten. Die Hitzeschwaden trugen einen warmen, faulenden Gestank durch die Stadt, bettelnde, abgerissene, verelendete junge und alte Menschen fanden ebensowenig Beachtung wie Ratten und Fliegen. Im Bus zurück nach Panama City fragte ich eine junge Frau, ob in Colon gerade gestreikt würde. Sie schaute etwas unangenehm berührt und sagte: „Nein, Colon ist von jeder Verantwortlichkeit verlassen“. Aber es war offensichtlich, daß das öffentliche Gemeinwesen außerhalb des Zentrums nur für eine kleine Schicht der Reichen funktioniert, denn in den Nobelvierteln am Meer gab es eine funktionierende Müllabfuhr. Der Unterschied zu Kuba war so deutlich und mir wurde so anschaulich vorgeführt, wie viel sozialer Kuba entwickelt ist, und wie es dennoch und gerade deshalb so eisern bekämpft und in die Knie gezwungen werden soll. Alle lateinamerikanischen Regimes wissen, daß Kuba viel weiter ist. Sie sehnen den Tag herbei, da Fidel Castro untergeht, da Kuba als das große Beispiel endlich aus der Welt geschafft ist, denn es macht ihnen das Leben schwer, untergräbt ihre Glaubwürdigkeit, ist die lebende Alternative vor ihrer Haustür. Und wer von den lateinamerikanischen Machthabern brennt nicht vor Neid auf diese Loyalität der Bevölkerung, wie Fidel Castro sie immer wieder bekommt, wer möchte nicht so geliebt werden wie er? Wie auch immer die Politik zwischen Kuba und den anderen lateinamerikanischen Staaten läuft, sie alle wollen sich von Fidel, von Kuba befreien wie von einem Schuldkomplex.

Die Sonne brennt vom erdnächsten Himmelspunkt, es weht kein bißchen Wind und der Staub steht lange in der Luft, wenn ein Auto durch die sandigen Nebenstraßen fährt. Die Mauern werfen die Hitze zurück, die Stadt flimmert in der mittäglichen Sonnenglut. Ich sollte lieber irgendwo im Schatten dösen, wie es alle vernünftigen Leute jetzt machen, stattdessen streune ich durch ein Vorortviertel von Santiago. Der Vorort senkt sich hinunter zu den Füßen der Sierra Maestra. Kleine durcheinander und aneinander genähte Häuser, manchmal eins auf das andere gebaut, dazwischen schmale Gassen, in denen die Sonne nicht lange herrschen kann. In der Ferne, hinter dem Mittagsdunst, ragen grün und dunkel die Berge der Sierra auf. Meine Augen hängen fest an ihrer Schönheit und meine Gedanken driften ab. Dann ein Reißen! Etwas Gewaltsames passiert in meinem Rükken, ich fahre erstaunt, erschreckt herum. Ein stattlicher junger Kerl hat seine Hände in meinen Rucksack gekrallt. Wir stehen ganz nah voreinander, unsere Augen wild und erschrocken aufeinander gerichtet. Ich schreie in sein Gesicht hinein: „Laß los, du Arsch“, aber er hält fest. Ein Hin- und Hergezerre beginnt, nicht lange, denn plötzlich bricht seine Entschlossenheit zusammen. Ich wundere mich kurz, warum das so ist, da sehe und höre ich Leute auf uns zulaufen, empört schreien sie und ergreifen entschieden meine Partei. Er hatte sie eher gesehen als ich, und seine für diese Aktion aufgemöbelte Courage entweicht sofort. Auf langen federnden Beinen läuft er davon, springt auf das Fahrrad seines wartenden Freundes. Beide sausen davon und entziehen sich an der nächsten Ecke unseren Blicken. Sein federnder Lauf zum Fahrrad bleibt als Bild in meinem Gedächtnis. Es sah schön aus. Trotz heftiger Erregung und Schrecken genoß ich seine Flucht. *El Bandito,* wie kann ich nicht mit ihm empfinden.

Die Leute streicheln mich, reden freundlich auf mich ein. Es ist mir ja nichts Schlimmes passiert, aber sie wollen mich nicht allein weitergehen lassen und beschließen mich zu begleiten. Wohin ich denn müßte? Schnell sage ich ein nahes Ziel, eigentlich habe ich gar keines und möchte es für heute auch so belassen. Die Leute bestimmen aus ihrer Mitte den ältesten Compañero zu meinem Schutz. Es ist sehr rührend. Als wir gehen, sagt er verwundert und ratlos, daß er zum ersten Mal einen Straßenraub miterlebt hätte. Was bloß los wäre mit der jungen Generation. Er ist wirklich betrübt, er fühlt sich verantwortlich.

Etwas später denke ich: So ein Glück habe ich nicht alle Tage, es hätte sehr wohl auch im Ärger enden können: in der Deutschen Botschaft rumsitzen und um Hilfe betteln ..., Abreise ..., endlose bürokratische Vorgänge. Ich trug alles im Rucksack: Adressen, Termine, Telefonnummern, und natürlich meine Dokumente, mein ganzes Geld. Daraufhin genehmige ich mir im *Casa Grande* zuerst einen Milchkaffee, danach einen *Mojito*.

In einem Brief schrieb ich später gutgelaunt: einer alten Guerillera den Rucksack zu rauben, sei halt nicht ganz einfach. Wenn ich es mir jetzt genau überlege, waren es nur die Leute gewesen, vor denen er Respekt hatte, nicht vor mir als Ausländerin. Allein mit mir auf der Straße, wäre es ihm vielleicht geglückt.

Unterwegs mit Rosa und Charlotte

Nachdem ich fünf Tage und halbe Nächte lang Santiago de Cuba durchstreift hatte, kamen Rosa und Charlotte aus Montevideo. Wir begannen, einander unsere Eindrücke mitzuteilen, auch die stete leise Trauer, die in mir arbeitete, die Trauer über den langsam sich vollziehenden Verlust einer hoffnungsvollen Gesellschaftsvision, für die wir gelebt und gekämpft hatten, die sich vorerst nicht mehr realisieren lassen würde und die sich jetzt in Kuba wie ein ausgesetztes Kind durchschlagen muß, um am Ende doch in der Erziehungsanstalt der Globalisierung zu landen. Aber was weiß denn ich, es gibt auch Zeichen dafür, daß uns die kubanische Gesellschaft mit einem neuen Weg überraschen kann, den sie gerade ertastet und erlernt.

Ich sah Rosa in Santiago zum ersten Mal. Ich kannte ihre Biographie, die sie Charlotte und mir voller Poesie in einem vier Seiten langen Brief erzählt hatte. Meinen Vorstellungen mangelt es immer an Visualität und so richten sie sich auf das Wesen: Wie mag sie sein? Ich dachte mir Rosa als eine Frau mit unbestechlichem Blick auf Freund und Feind, mit einem großen Gefühl für unsere Träume und Kämpfe für eine bessere Welt, und mit einer Traurigkeit, die ein bißchen weise ist. Vielleicht passe ich jetzt im nachhinein meine Vorstellungen der realen Person an – aber so war sie, von einem lakonischen Sarkasmus, dem weder die Schärfe noch die Freundlichkeit fehlten. Den Körper schon leicht gebeugt, was auf mich so rührend unverdrossen wirkte, so als wolle sie allen Schwierigkeiten zuerst die Stirn entgegenstemmen. Aber ihre Haltung war eine Zeichnung des Lebens, eines Lebens im Widerstand, im Exil, voller Hoffnungen, Enttäuschungen und wieder Hoffnungen. Mir ist Kuba nicht gleichgültig, aber Rosa ist noch viel emotionaler mit Kuba verbunden. Für die uruguayische Guerilla, wie für die anderen lateinamerikanischen aufständischen Bewegungen, war Kuba immer der Teil, der ihnen vorausgegangen war, dem die Befreiung gelungen war, das immer präsente Beispiel, der reale Boden für alternative Perspektiven zum Kapitalismus. Der Schmerz trieb Rosa manchmal die Tränen in die Augen, wenn sie auf untrügliche Zeichen des Untergangs der Revolution stieß.

Wir besuchten gemeinsam die Stätten der Revolution, zogen durch die Karnevalstraßen. Rosa, beheimatet in der Sprache, auch in der Mentalität, befand sich immer schnell in einem vertraulichen Gespräch mit allen möglichen Leuten, und ich meine, sie hatte mehr Autorität in den Diskussionen als wir Europäerinnen. Als Lateinamerikanerin kommt sie aus derselben Region, aus ihrem kapitalistischen Teil, und wenn sie Kubas Entwicklung den Verhältnissen in ihrem eigenen Land gegenüberstellte, dann wuchsen die Leistungen der kubanischen Revolution, die von den Kubanern als Normalität empfunden werden. Jede Kritik relativierte sich. Die Kubanerinnen und Kubaner hörten auch uns Europäerinnen zu, aber ihre Aufmerksamkeit uns gegenüber war noch von anderen Dingen überlagert. Rosa hatte immer schnell das geschwisterliche Verhältnis herstellen können, die „Dritte-Welt"-Verbundenheit, während wir eher zu unechten Autoritäten gemacht wurden. Das ging vor allem Charlotte so, obwohl auch sie mit der Sprache vertraut ist. Als Schweizerin hatte sie sich ständig der kubanischen Projektion von der Schweiz als „nettestes, reichstes, unabhängigstes Land der Welt, in dem es keine Armut, kein Elend gibt" zu erwehren. Für die Kubanerinnen und Kubaner ist die Schweiz ein erstrebenswertes Modell, wenn der Sozialismus in ihrem Land schon zu Grunde gehen muß. Dagegen war Charlotte mit ihrer kapitalismuskritischen Sicht auf ihr Land nicht wirklich überzeugend. Und ich als „Deutsche" hatte den guten Ruf der DDR am Hals, den die Kubaner einfach auf die jetzige BRD übertragen. Eine wirkliche kritische Distanz zu Deutschland gibt es nur noch im Hinblick auf den Faschismus und Rassismus. Die Kubaner diskutieren mit Leidenschaft, sehr offen, spontan und ausgiebig, selbst vor der Kamera sind sie sicher und selbstbewußt.

Selbstverständlich wollten wir am 26. Juli in die Moncada-Kaserne und Fidel Castros Rede hören, aber das konnten wir vergessen. Es kamen nur geladene Gäste in den Innenhof. Wir gingen natürlich trotzdem hin und drängelten uns mit vielen anderen vor dem Haupteingang, um etwas zu sehen und zu hören. Wir hatten bereits in der Nacht zuvor im Innenhof gesessen, um mitzuerleben, wie die Schülerinnen und Schüler den Sturm auf die ehemalige Kaserne nachexerzierten. Es waren unzählbare Stuhlreihen für mehrere tausend Menschen aufgestellt. Um vier Uhr morgens schliefen viele auf ihren Stühlen. Riesige, alles überragende Scheinwerfer beleuchteten das Gelände. Und dann, als die Nationalhymne erklang, ging eine einzige Bewegung durch die Menschen, wie ein einziger Körper standen die Tausenden auf, erhoben ihren Kopf und ihre Stimme. Ein Schauder zog durch meinen Körper, die Hymne klang wie ein unerschütterlicher Herzschlag für Kuba und es schien mir, als wären viele nur gekommen, um *daran* teilzuhaben.

Angekündigt war „die Erstürmung der Moncada-Kaserne" als Nachspiel des historischen Ereignisses durch die Schülerinnen und Schüler. In der ehemaligen Kaserne befinden sich heute verschiedene Bildungseinrichtungen. Sie ist zu einer „Schulstadt" geworden. Irgendwie hatte ich eine Art Theater unter freiem Himmel erwartet, ähnlich wie die alljährlichen „Störtebekerspiele" auf Rügen. So wunderte ich mich, als viele nach der Nationalhymne schon wieder aufbrachen und nach Hause gingen. Viele blieben aber auch noch, um das Begrüßungsritual für die gefallenen Kämpfer und Kämpferinnen mit ihren Antworten *presente* zu unterstützen. Danach leerte sich der ehemalige Kasernenhof. Ich wartete immer noch auf den eigentlichen Akt des Angriffs. Er interessierte mich ganz konkret. Am Nachmittag hatten Rosa und ich praktisch und fachfrauisch über die Organisierung und Taktik der Operation gefachsimpelt und fanden eigentlich, daß die Aktion, ihrem

Mythos entkleidet und mit unseren Augen gesehen, militärisch voll danebengegangen war und der Hergang des Angriffs skurrile Züge hatte, so wie wir sie auch aus unserer eigenen Praxis kannten. Zum Beispiel, daß ein Teil der Truppe sich verlaufen hatte und die Straße nicht finden konnte, aus der heraus sie angreifen sollte, die vielen Opfer und die schlecht organisierte Rückzugsetappe, die Zerschlagung der gesamten Truppe. Wir stellten fest, daß es nicht entscheidend ist, ob eine Operation gelingt oder als Niederlage endet, entscheidend ist, ob sie als politisches Signal eine Bedeutung gewinnt, an der sich ausreichend revolutionäre Kräfte entwickeln und entscheiden können. Und diese Bedeutung hatte der Angriff auf die Moncada-Kaserne 1953. Trotz militärischer Niederlage war diese Operation das eindeutige Signal, an dem sich das Feuer entzündete, in dem die Batistadiktatur samt ihren imperialistischen Säulen verbrannte. Unsere militanten Angriffe hier in Deutschland und anderen europäischen Staaten haben das nicht vermocht, ob sie nun „gut" oder „schlecht" ausgingen. Die politisch-sozialen Verhältnisse hier waren gegen solche Signale zur Organisierung des Umsturzes immun. Wir wollten unsere Träume in die Realität zwingen.

Dann endlich kommt eine Gruppe Jugendlicher in Kampfanzügen mit Gewehren oder vielleicht Attrappen auf den Balkon der Kaserne gestürmt, ich höre ein paar Schüsse und schaue mich um, wo es nun losgeht, da ist alles schon zu Ende. Wenige Minuten später sitzen nur noch Rosa, Charlotte und ich inmitten von tausend leeren Stühlen. Rosa schaut ratlos, ich frage mich verwundert, worauf ich noch warte, und Charlotte filmt die sorgfältig ausgerichteten endlosen blauen Stuhlreihen. Unter den riesigen Scheinwerfern füllen sie den leeren Kasernenhof mit kühler Melancholie. „Laßt uns zum Karneval gehen", seufzt Rosa.

Und nun stehen wir hier dichtgedrängt vor dem abgesperrten Tor des Kasernenhofes. Fast nur Ausländer, als wären wir eine internationale Brigade. In allen Augen sehe ich gute Wünsche für Kuba. Uruguayische Genossen haben ihre Fahne mitgebracht und schwingen sie begeistert zur Begrüßung Fidels. Der Kasernenhof ist voll von Menschen, die das Privileg haben, geladen zu sein. Ich strenge mich an wie alle, um etwas von Fidels Stimme zu hören oder vielleicht sogar etwas zu verstehen, aber er spricht in der ersten halben Stunde so leise, zaghaft fast, daß ich denke, er muß ziemlich krank sein.

„So eine miese Lautsprecheranlage", flüstere ich frustriert.

„Warte", sagt mir Rosa, „er spricht zuerst immer so leise, er redet sich selbst in Form und zwingt die Leute zum Zuhören."

Mit welcher Geduld hören die Leute ihm zu! Mit welcher Erwartung, mit welcher verzweifelten Hoffnung! Wer sonst, wenn nicht Fidel, wird diesen Prozeß zurück zum Kapitalismus mit Anstand und ohne Verrat gehen? Daran halten sie sich fest. Oder warum hören sie ihm freiwillig fünf Stunden lang und mehr zu? Was fesselt sie? Sie glauben an ihn. Für sie ist er anders als jeder andere Politiker in dieser Welt, er gehört zu der besseren Seite des Lebens und bis zum letzten Wort seiner Rede wollen sie sich dessen immer wieder versichern. Es liegt eine leise tiefgründige Ehrfurcht in der Luft, wenn Fidel spricht. Auch hier draußen vor dem

Kasernentor. Ich finde nichts Devotes, nichts Beängstigendes darin.

Nach einigen Stunden bin ich matt von der Anstrengung, aus dem Klang seiner Stimme etwas zu erfassen. Ich verstehe nichts. Ich löse mich aus der Menge und gehe mich an der nächsten Straßenecke erfrischen. Dort steht ein Tankwagen mit kühlem Wasser bereit. Die Rede ist noch lange nicht beendet, als wir uns aufmachen ins Hotel Santiago de Cuba, um einige internationale Gespräche und Faxe zu erledigen. Wir schlendern durch die spärlich beleuchteten Straßen. Der Karneval ist in vollem Gange und der Boulevard, auf den wir geraten, ist links und rechts gesäumt von Ständen mit gebratenen Spanferkeln, Würsten und Süßigkeiten. Sind wir in Kuba oder im Schlaraffenland!? Alle Fensterläden und Wohnungstüren sind offen, in nahezu jeder Wohnung läuft der Fernseher mit der Rede von Fidel Castro. Wir versäumen nichts. Als wir im Hotel ankommen, ist dort eine ungewohnte Stille. Angestellte und Gäste sitzen vor dem Bildschirm. Wir setzen uns dazu bis der *Comandante en Jefe* seine Rede mit den Worten beendet: „Ich habe den Eindruck ihr werdet langsam müde."

In dieser Nacht des 26. Juli ist für den einen Teil der kubanischen Bevölkerung die Rede von Fidel das Ereignis, für den anderen ist es der Karneval. Und so viele waren von dieser Nacht wieder enttäuscht: Fidel redet immer nur von der heroischen Vergangenheit, aber was ist mit der Gegenwart? Es ist für mich unvorstellbar, einem Politiker hier in Deutschland auch nur den Bruchteil dieser Aufmerksamkeit zu geben. Natürlich haben wir versucht, den alten Guerillero als Foto mit nach Hause zu nehmen. Nur mit der Lupe konnte ich

Fidel in der Tiefe des Bildes als kleinen olivgrünen Fleck wiederfinden. Schade!

Bevor wir Santiago verlassen, möchten wir drei Frauen so gern noch mit dem Boot durch die malerische *Bahia Santiago de Cuba* fahren. Im Schatten auf dem Rasen sitzend warten wir auf den Verantwortlichen für das kleine Motorboot. Eine junge und sehr schöne Kubanerin setzt sich zu uns. Drei Frauen ohne Männer unterwegs, die eine aus Uruguay, die andere aus der Schweiz, die dritte aus Deutschland, das findet sie interessant. Und alle nicht verheiratet? Beneidenswert! Sechs Jahre Ehe mit dem schlimmsten kubanischen Macho hat sie hinter sich, erzählt sie uns. Jeden Tag Kochen, Putzen und Sex ... ja klar, wir kubanischen Frauen lieben auch den Sex, aber alles zusammen und immer, immer ... Sie hätte die Nase gestrichen voll, auf ewig. Nie wieder! Wie lange sie denn schon geschieden sei, wollen wir wissen. Drei Monate, strahlt sie. Alles ist noch frisch, das Ehegefängnis und die Freiheit davon. Wir müssen lachen über ihr „Nie wieder". Dann schenkt sie jeder von uns eine Rose und fährt mit dem Fahrrad davon, als endlich der verantwortliche Compañero erscheint. Wir handeln einen Preis für die Rundfahrt aus. Er verlangt eine Summe, die geradezu unverschämt ist, und behauptet, das sei ein staatlich festgelegter Preis. Ich sage kategorisch nein, denn das empfinde ich als Gaunerei. Am Ende einigen wir uns auf einen Preis, der immer noch sehr hoch ist, aber er verspricht uns eine zweistündige Fahrt auf dem Wasser. So lassen wir uns zähneknirschend breitschlagen, weil wir doch auch so gern fahren möchten.

Dann tuckern wir durch das ziemlich dreckige Wasser, das wie in jedem Hafen der Welt verölt ist, nach Müll stinkt und in dem viele Dosen und Plastikreste schwimmen. Etwas weiter draußen wird es schön und nimmt die Farbe an, die uns von oben aus der Stadt geleuchtet hat, wenn wir auf die Bucht hinunterschauten. Im Hafen sind keine Schiffe, die US-amerikanische Blockade ist sichtbar, in Havanna habe ich wenigstens einige gesehen. Auf der anderen Seite der Bucht liegt ein Industriegebiet, eine riesige Raffinerie rostet vor sich hin. Sie ist nur zum Teil noch in Betrieb, und die Arbeiter werden mit kleinen Personenfähren hinübergebracht. Müde liegen die abgeblätterten Stahltanks da, wie gestrandete Giganten aus einem anderen Zeitalter. Hinter ihnen ragen die Berge der Sierra Maestra auf. Unser Steuermann hält großen Abstand vom Industrieufer, es ist für Privatpersonen nicht zugänglich. Hoch über uns, auf einem Felsen errichtet, erhebt sich die Festung El Morro, ein fast getreuer Nachbau der Festung in Havanna. Und dann passieren wir die ehemalige Sklaveninsel Cayo Granma. Zauberhaft schön liegt sie da. Pastellfarbene Holzhäuser sind weit ins Wasser hineingebaut, sie stehen auf hohen Pfählen und sind durch Holzstege miteinander verbunden. Leuchtende Bäume und Sträucher, hängende Blüten zwischen üppigem Grün, unter den Häusern und kleinen Brücken spielen die Kinder im Wasser. Eine traumhafte Idylle, so scheint es wenigstens. Die Rundfahrt ist schnell vorbei. Es ist nur knapp eine Stunde vergangen, da legt der Compañero schon wieder an. Aber wieso ..., wir hätten doch für mindestens zwei Stunden bezahlt, maulen wir. Er zuckt die Schultern, das Benzin ..., wir müßten verstehen. Wir fühlen uns nicht gut behandelt, wir sind Compañeras und möchten nicht geneppt werden wie x-beliebige Touristen. Rosa hält dem Bootsmann eine Predigt: „Compañero, wenn ihr so weitermacht, dann geht bald eure ganze Moral *carajo* und wir lateinamerikanischen Genossen werden den Respekt verlieren, den wir immer vor euch hatten ....“ Der Kubaner hört zu, dann sagt er mit dem charmantesten Lächeln: „Aber wir Kubaner, Compañera, wir werden euch uruguayische Compañeros immer achten und solidarisch mit euch sein.“ Unser Zorn verraucht sofort.

Frühmorgens wollen wir Santiago de Cuba verlassen, mit dem gemieteten Auto bis nach Trinidad und später durchs Gebirge nach Santa Clara weiterfahren. Es wird spät, bis wir wegkommen, denn zwei Mechaniker müssen erst einmal das Auto reparieren. Aber dann machen wir uns in schönster Stimmung auf den Weg. Sechs Leute nehmen wir am Ausgang der Stadt noch mit. „Jetzt sind wir ein Bus“, sagt Rosa vergnügt und eingequetscht. Der Suzuki hat hinten nur eine ganz schmale Bank und das Schiebedach haben wir nicht richtig in die Schiene gekriegt. Es ist ein Luxusauto, unpraktisch und nur für zwei bis drei Leute gemacht. Aber wir haben kein nützlicheres bekommen, es war das allerletzte, was zu haben war.

Es beginnt zu regnen und zu stürmen. Das Wasser läuft Rosa und den anderen auf der Rückbank durch das halboffene Dach auf den Schoß. Das junge Ehepaar will mit seinem kranken Kind in eine Spezialklinik. Sie liegt auf der halben Strecke nach Las Tunas. Der Vater reicht das Kind nach vorn, wo es trocken bleibt. Außer für die Fahrerin ist die Tour kein Vergnügen, aber das sind die Kubaner gewöhnt, darüber wird kein Wort verloren.

Durchnäßt und gequetscht steigen nacheinander alle aus und wir suchen uns in Las Tunas eine Nachtbleibe und einen gemütlichen Ort zum Abendessen. Der Abend verläuft wie manch einer unserer Abende: bei einem *pollo frito* und kubanischem Bier, mit kubanischen Musikern, die uns *Guantanamera* und *Comandante Che Guevara* ins Ohr singen.

In Trinidad waren wir als Touristinnen. Überall sonst fühlte ich mich als Reisende, aber hier in Trinidad wollten wir drei Tage nichts anderes als Meer haben und ein bißchen in der Stadt bummeln. Ich habe von Trinidad keine Beschreibung gehört und gelesen, die nicht Verliebtheit in dieses koloniale Kleinod ausdrückt, dieses historische Piraten- und Schmugglernest, erbaut unter der Regie der berüchtigsten spanischen Konquistadoren Diego Velazques und Hernân Cortez. Sie hatten es auf das Gold der umliegenden Flüsse abgesehen. Wirklich reich und bedeutend wurde Trinidad aber durch das Leid, Elend und Blut der Sklaven. Im 18. Jahrhundert wurden sie hierher verschleppt, um auf den Zuckerrohrfeldern zu schuften. Die Stadt stieg auf zum wichtigsten Handelszentrum für Zucker in Kuba. Im ersten Unabhängigkeitskrieg verbrannten die sich befreienden Sklaven sämtliche Zuckerfabriken in der Region. Die auf Sklavenarbeit errichtete Wirtschaft kam zum Erliegen und Trinidad verarmte. In den fünfziger Jahren wurde die Stadt von der Unesco zum Weltkulturerbe ernannt. Es ist eine kleine, unerhört lebendige, quirlige Stadt, karibisch, braun, schwarz, bunt, lachend und charmant. Sie liegt einige Kilometer landeinwärts, als hätte sie Angst vor dem Meer.

Wir lassen uns in La Bocca in einem Privatquartier

nieder. La Bocca gehört zu Trinidad, ist aber ein kleiner direkt am Meer gelegener eigener Ort. Wieder haben wir es glücklich getroffen. Zwei Minuten vom Strand entfernt wohnen wir. Vor dem Frühstück gehen wir ins Meer und schwimmen uns frisch. Das ist eine Zeit, in der es für die Kubaner viel zu kalt zum Baden ist. Nur ein paar Angler oder Träumer sitzen auf den Klippen. Wir fühlen uns verwöhnt von der *Señora,* sie ist familiär und herzlich, irgendwie nicht wie eine „Wirtin". Sie richtet unser Essen mit so großer Sorgfalt und Freundlichkeit an, daß ich nicht auf die Idee komme, sie täte es für die Dollars. Natürlich ist es auch so, aber ihr Interesse geht darüber hinaus, umfaßt uns als Personen, als Gäste, was in Kuba immer auch heißt, als Freunde. Ihr liegt etwas daran, von uns auch als Person wahrgenommen zu werden, sie gibt uns Einblick in ihre familiären Verhältnisse, fühlt sich geehrt, wenn ihre Gastgeberrolle uns angenehm ist, wir schauen zusammen fern, unsere Gespräche sind vertraut bis intim. Und ganz schnell sind wir auch bei den gesellschaftlichen Alltäglichkeiten, Politik etc. Wir machen Fotos und tauschen Adressen aus.

La Bocca ist das Seebad der Einwohner Trinidads und so ist auch die Atmosphäre. Die Touristen ziehen den Strand Ancôn vor, wo es den weißen Palmenstrand und das türkisfarbene Meer gibt mit einem Hotelservice, der alle gängigen Urlaubswünsche erfüllt. Wir waren auch dort und haben es genossen, aber La Bocca ist viel romantischer: eine verträumte Bucht zu Füßen der Sierra del Escambray. Die Berge scheinen in einem bestimmten Licht so nahe, als könnte man lässig unter ihnen hindurchschwimmen, und dann wieder ganz fern im blauen Dunst wie dunkle Malerei am Horizont. Weiche, flache Klippen führen ins Meer, zum Baden wunderbar geeignet. Eine Allee aus blühendem Flamboyant und Mimosenbäumen beschattet das Ufer, Eis, Pizza und Erfrischungen werden verkauft, es gibt kleine Bars, einen Dollarkiosk und alle Leute laufen in Badesachen umher. Immer Musik und wiegende Körper und wippende Schaukelstühle. Bei unseren Nachbarn ist jeden Abend Party in der Familie, Großmutter und Enkelkinder, Töchter, Söhne und Freunde tanzen miteinander auf der Veranda. In der Dämmerung marschieren handtellergroße Krebse mit ihrem seltsamen flüchtenden Gang durch die Straßen, die Gärten und über die Mauern. Auf den Klippen träumen alte und junge Liebespaare. Die Sonne senkt sich glutrot ins Meer, die Moskitos singen begierig. Ja, das ist La Bocca.

Santa Clara kommt mir dagegen vergammelt vor. Das mag am Karneval liegen, die nächtlichen Spuren sind nicht beseitigt worden. Die Straßen sind verludert und verdreckt. Kaum fahren wir in die Stadt hinein, sind wir von drei Jugendlichen auf Fahrrädern umringt, sie wollen uns durch die Stadt lotsen. Wir müssen in das Büro von Kubancar und das in Santiago de Cuba gemietete Auto zurückbringen. Die Frist ist schon überschritten. Es stellt sich heraus, daß keiner von den Burschen weiß, wo das Büro ist, was sie uns natürlich nicht sagen. Jeder von ihnen schlägt uns eine andere Richtung vor und uns wird klar, daß sie in Konkurrenz zueinander stehen, sie sind Einzelunternehmer. Jeder will die Dollars verdienen. Zwei der Jungen sind taubstumm und ein bißchen wirr, der dritte kann sie leicht ausspielen. Wir sind irritiert, wollen sie loswerden und uns selbst zum Büro durchfragen. Wir versuchen sie mit kleinen Manövern abzuhängen und verfahren uns des öfteren. Aber irgendwie sind sie abwechselnd immer mal wieder bei uns. Sie fragen sich genauso durch wie wir, verfahren sich wie wir, darum treffen wir immer wieder aufeinander. Sie lassen nicht locker und jeder für sich entwickelt eine Strategie, um an den Lohn zu kommen. Dabei ignorieren sie völlig, daß ihre „Hilfe“ uns gar nicht hilft und daß wir sie auch gar nicht annehmen. Das Büro zu finden ist ziemlich verwirrend. Als wir endlich in den Hof rollen, kommen auch zwei der Jungen angerast und erklären gestikulierend, daß hier das Büro sei. „*Gracias, gracias*“, rufen wir lachend. Der dritte hatte es nicht gefunden. Die Abwicklung im Büro braucht ihre Zeit, so viele Papiere ... Als wir dann den Hof verlassen, sind wir ganz sicher, daß die Jungen vor dem Tor auf uns warten. Einhellig sind wir der Meinung, daß sie einen Lohn verdient haben. Da stehen sie dann auch, mit etwas Abstand voneinander. Der Taubstumme bedankt sich überschwenglich, und der andere, der immer im Vorteil war, der den Taubstummen immer ausspielen konnte und es auch getan hatte, lehnt höflich lächelnd ab. Nein, nein, ihm stehe der Lohn nicht zu, sondern dem Taubstummen, ihm sollten wir seinen Anteil geben. Was für eine rührende Überraschung.

Wir planen, in der kommenden Nacht mit dem Zug ins 400 Kilometer entfernte Havanna zu fahren. Mit „meinem“ Zug, in dem ich gern noch einmal mit Rosa und Charlotte reisen möchte. Aber es gibt keine Fahrkarten mehr, so bleiben wir noch einen Tag länger in Santa Clara. Mir gefällt die Stadt immer noch nicht, obwohl sie doch als revolutionäre Stätte meine Sympathie einfordert. Aus Trinidad kommend, ist es spürbar und sichtbar: Santa Clara ist eine weiße Stadt. Ihr fehlen Charme und Freude. Ich bestehe nicht darauf, daß mein Eindruck objektiv ist, aber er lag sofort in der Luft und hat sich nicht wieder aufgelöst. Vielleicht sind zwei Tage zu kurz, um eine Stadt zu beurteilen. Aber die Leute sind nicht so herzlich miteinander, in den Bars am *Parque Vidal* hängen Leute herum mit dem Habitus angehender Manager, Handys am Ohr. „Das wird die neue Klasse des zukünftigen Kuba", flüstert Charlotte mir ins Ohr. Wir suchen lange nach einem geöffneten Restaurant, aber die Zeit ist auch dafür schlecht. Am Ende landen wir im Hotel Santa Clara Libre, das auch nicht schöner wird, weil Che und seine Truppe es erobert haben, wovon noch etliche Einschußlöcher zeugen. Es ist ein häßlicher modernistischer Bau aus der Batista-Zeit, äußerlich verlottert, inmitten einer verschwenderisch schönen Kolonialarchitektur rund um den *Parque Vidal*. Unser Hunger zwingt uns, im kalten Wind der Klimaanlage zu speisen und zu frieren, bei 35° Außentemperatur. Schnell machen wir uns wieder davon und erholen uns im Park. Den ganzen Tag über ist er mit Leben erfüllt, die Bänke im Schatten sind immer besetzt. Manche skurrile Figuren sitzen da. Ein alter Freak predigt von der freien Liebe. Und dann dürfen wir ein ganz besonderes Schauspiel erleben, es wird jeden Abend hier von der Natur aufgeführt. Aus allen Richtungen der Stadt kommen Vogelschwärme geflogen, um sich hier in den dichten hohen Kronen der Bäume niederzulassen und gemeinsam die Nacht zu verbringen. Es sind Singvögel und es mögen Zigtausende sein. Die Luft ist erfüllt von einem zauberhaft süßem Gezwitscher, eine berückende Stimmung im Licht der versinkenden Sonne – falls man nicht gerade auf der falschen Bank sitzt und von oben bekackt wird. Um ein besseres Gefühl für Santa Clara zu bekommen, besuchen wir die revolutionären Stätten. Am Ausgang der Stadt in Richtung des Ortes Camajuani stehen noch die alten Waggons der Batista-Armee. Hier hatten im Dezember 1958 Ches Truppen den militärisch ausschlaggebenden Sieg gegen das Batistasystem errungen. Nachdem die von Che geführten Rebellen in die Stadt einmaschiert waren, hatte das Regime einen Zug mit Nachschub an Soldaten und Kriegsmaterial zur Unterstützung der bedrängten Batistatreuen geschickt. Noch bevor der Militärtransport die Stadt erreichen konnte, griffen die Rebellen an, sprengten die Gleise und erstürmten nach stundenlangen Kämpfen den Zug. Mit dem erbeuteten Material wurde Santa Clara erobert. Die Batista-Armee war geschlagen, der Diktator floh in die Dominikanische Republik. Die mächtigen Waggons stehen noch da, wie gerade aus dem Gleis gestürzt. Die Vergangenheit wirkt lebendig. Der kleine, unauffällig angelegte Park hat nichts Museales. Nur der alte Bagger, mit dem die Guerilleros für den Sprengstoff die Gleise untergruben, steht etwas künstlich auf einem Betonsockel. Diskret steht auch ein Wachposten im Schatten. Um den Park herum sausen die Kinder mit ihren selbstgebauten fahrenden Kisten. Sie haben mehrere aneinandergebunden und rasen in einer langen Schlange in wilder Fahrt die abschüssige Straße hinunter.

Auf ganz andere Weise beeindruckend ist die gigantische Guerilla-Kultstätte am Place de la Revolucion. Hier liegen die Gebeine von Che, Tamara Bunke und allen Compañeros, die mit Che in Bolivien gekämpft haben. Wir sind noch weit entfernt, da sehen wir schon die alles überragende Statue von *el Che*. Wir brauchen niemanden mehr nach dem Weg zu fragen. Und dann stehe ich auf dem riesigen Platz, der in einen pastellfarbenen Klang gehüllt ist. Eine weite Leere um mich. Auf der einen Seite begrenzt von einer palmenumsäumten Banderole mit der Aufschrift: *Queremos que sean como el Che y Fidel,* vor mir das Monument. Es ist ein Ensemble aus mehreren Steinblöcken. Breite Stufen führen empor, alles wirkt übermäßig auf mich. Ganz klein stehen dann wir unter der haushohen Steinsäule, mit dem nochmal so großen Che darauf. In Guerilla-Montur, vorwärts schreitend und ins Land hinein schauend, das Gewehr in der rechten Hand mit sich tragend. Wie schön ist der ganze Ausdruck dieser Statue, aber wie einsam und unerreichbar steht er dort, dem Himmel fast näher als der Erde. Ich empfinde Mitleid und frage mich, warum er so isoliert dargestellt wird. Ist das die subtile Tendenz, ihn als revolutionäres Beispiel langsam aus der gesellschaftlichen Realität zu verdrängen? Eine Realität, die gegenwärtig nach einem neuen ideologischen Ausdruck verlangt? Soll die Revolution, soll Ches Projekt vom neuen Menschen nur noch als Museumsattraktion aufbewahrt werden?

Auf einem Steinblock rechts von der Statue steht in Marmor geschlagen der Brief Che Guevaras an Fidel Castro, in dem er seine Entscheidung mitteilte, erneut den Guerillakampf aufzunehmen, um die lateinamerikanische Revolution von Bolivien aus zu organisieren. Auf der linken Seite stellt ein weißes Relief die Erstürmung des Batistazuges in Santa Clara dar. Alles ist sehr schön, sehr monumental. Stumm und erschöpft von soviel strahlendem Mausoleum setzen Rosa und ich uns auf die Treppe, um zu rauchen. Ein jugendlicher Milizionär steuert auf uns zu und bittet uns aufzustehen und nicht zu rauchen. Aus Pietät vor den großen Toten, sagt er. Es ist sehr wahrscheinlich, daß uns die toten Compañeros näher sind als der jungen kubanischen Generation. Ich verlasse den Platz der Revolution nicht besonders glücklich und denke, wenn die Konterrevolution siegt, werden sie den Che zuerst niederreißen. Immer kommen mir diese Gedanken: wenn die Konterrevolution siegt ...

Unser Zug soll fahrplanmäßig um ein Uhr in der Nacht fahren. Es ist unsicher, ob wir Plätze bekommen werden, aber wir wollen es versuchen. Auf einen weiteren Tag Santa Clara haben wir keine Lust mehr. So überlegen wir, was wir bis zur Abfahrt des Zuges noch anfangen können. Auf keinen Fall zum Abendessen ins Hotel Santa Clara Libre und frierend ein *pollo frito* verspeisen! Ein junger Mann macht unserer Unschlüssigkeit ein Ende. Er bietet uns ein Abendessen bei seiner Familie an. Sein Angebot ist so billig, daß es uns unseriös vorkommt und wir beraten uns erstmal. Dann nehmen wir an, unser gemeinsamer Eindruck von dem jungen Kubaner ist gut. Um 21 Uhr sollen wir bei der angegebenen Adresse sein.

Wir sind pünktlich und hungrig zur Stelle, aber offensichtlich ist der junge Kubaner von der Seriösität unserer Zusage auch nicht recht überzeugt gewesen und die Mutter hat mit dem Kochen erst einmal abgewartet. Aber nun ist die Freude groß, Mutter, Vater und Tochter beginnen mit der Zubereitung des Essens. Nach und nach kommen auch die Söhne und wir rücken in der kleinen Küche, in der auch noch ein Klavier seinen Platz hat, zusammen. Es wird ein außerordentlich reger, lauter und lustiger Abend. In seinem Verlauf erfahren wir die Familiengeschichte, bereden die Ehetragödie des einen Sohnes, dem die Frau mir nichts dir nichts davongegangen ist, wir sehen uns ausgiebig sein Hochzeitsalbum an, welches von einem professionellen Fotografen gemacht und der Stolz der ganzen Familie ist, obwohl die Braut schon lange nicht mehr zur Familie gehört. Komplizenhaft flüstert seine Mutter uns zu: „Er leidet immer noch, der Ärmste." Die beiden Söhne spielen uns vierhändig „Comandante Che Guevara" und andere Revolutionslieder vor, der Jüngste breitet seine Gemälde auf dem Küchentisch vor uns aus, einige davon hängen in der Küche. Er malt, er ist Akrobat, seine Bilder haben alle das gleiche Motiv: el Che in Variationen.

Die Stunden vergehen schnell und als die Abfahrtzeit unseres Zuges heranrückt, sind wir ziemlich angeheitert. Der Sohn macht uns den Vorschlag, mit dem Auto nach Havanna zu fahren. Sein Freund würde uns fahren. Wir handeln einen Preis aus, er ist höher als die Zugreise, aber die Unsicherheit, ob wir überhaupt Fahrkarten bekommen werden, außerdem sooo bequem mit dem Auto ... Trotzdem will ich wenigstens ersteinmal das Auto sehen, mit dem wir fahren sollen, mit dem buckligen Ungetüm vor der Tür etwa? Es sind immerhin 400 Kilometer bis Havanna und es ist Nacht. Ein Auto, das auf dieser Strecke nicht mindestens dreimal stehen bleibt, gibt es in ganz Kuba nicht, jedenfalls nicht in Privatbesitz. Soviel Erfahrung habe ich schon. Na ja, der Lada seines Freundes sieht aus, als könnten wir es mit ihm schaffen, trotzdem habe ich Bedenken. Aber die

Verhandlungen sind schon zu weit fortgeschritten, die ganze Familie hat sich darauf eingestellt, unser Gepäck wird bereits verladen, also nehmen wir an. Es wird ziemlich eng mit dem ganzen Gepäck und fünf Personen. Ich denke an „meinen" schönen Zug. Dann rollen wir aus Santa Clara fort und ich hoffe, daß der Fahrer nicht so müde ist wie wir. Nein, die Fahrt ist nicht angenehm, es ist zu eng, zu kalt und zu laut um zu schlafen, denn die Männer haben das Radio bis zum Anschlag aufgedreht, die Fenster heruntergekurbelt und rauchen eine Zigarette nach der anderen, um sich wachzuhalten, eine einzige Tyrannei für einen müden Körper. Der erste Motorstreik ereignet sich kurz hinter Santa Clara, danach gibt es noch drei weitere, aber keinen endgültigen, es scheint nur, als wollte das Auto seine Pausen selbst bestimmen. Doch dann richten wir uns auf ein längeres Problem ein. Die Weiterreise wird fraglich, als die Polizei uns von der Straße winkt. Es ist in Kuba für Privatpersonen verboten, Touristen zu transportieren. Wir hatten uns vor der Fahrt darüber verständigt, daß Charlotte die Verlobte, Rosa und ich Freundinnen der Familie wären. Schnell fragt der Fahrer noch mal nach dem Namen seiner Verlobten, dann bleibt er lange fort. Alles nur, weil ein Scheinwerfer ausgefallen ist, und die Polizei den Fahrer darauf aufmerksam machen wollte, sie hat uns dann hinten im Wagen sitzen sehen. Endlich kommt der Fahrer zurück, atmet tief durch und wir fahren weiter. Leicht amüsiert berichtet er uns: Die Polizei hatte ihm kein Wort geglaubt, Verlobte, Freundinnen der Familie, das kennen sie längst ... sagen alle. Er sollte 1.500 Peso Strafe bezahlen, das ist die gesetzliche Höhe. Die ganze Zeit hätte er mit ihnen verhandelt und geredet, ob sie ihn ruinieren wollten, das könne er niemals bezahlen, so und so wäre seine ökonomische Situation, er hätte Kinder, Eltern, Großeltern zu ernähren usw. Am Ende mußte er 60 Peso bezahlen. Ob er die Polizisten bestochen hätte, wollen wir wissen. „Um Gottes Willen, das wäre der größte Fehler und würde die Situation nur verschärfen. Die meisten lassen sich auf Gespräche und Verhandlungen ein, sie kennen unsere Situation." Die kubanische Polizei sei unbestechlich und moralisch standfest, sagt er.

Im Morgengrauen kommen wir nach Havanna und ich bedaure ein bißchen, daß ich 400 Kilometer im Dunkeln durch Kuba gefahren bin, nicht mehr gesehen habe als wenige schwach erhellte Tankstellen und die brennenden Augen der Autos, die uns entgegenkamen. Um sechs Uhr verabschieden wir uns vor Anas Haus von den beiden Männern. Es ist noch zu früh, um zu klingeln, und wir lagern uns auf unseren Rucksäcken vor dem Eingang, bis die Zeit günstiger ist, um einen Menschen mit seinem Besuch zu überfallen.

Anas Wohnung ist klein und doch immer groß genug, um Freunde zu empfangen und zu beherbergen. Sie liegt im siebten Stockwerk, alle Fenster sind auf die Bucht von Havanna gerichtet, welch ein Geschenk für die Augen zu jeder Stunde des Tages. Ana ist Künstlerin, temperamentvoll und geistreich. Sie ist beinahe siebzig, was sie lieber verschweigt. Und tatsächlich ist sie immer noch eine schöne stattliche Frau. Ein Hauch von Bohème umgibt sie. Sie ist Schriftstellerin, Malerin, spielt Theater und war Rumba-Lehrerin. Wir diskutieren über Musik, über ihre jeweilige soziale Herkunft. Ana spielt uns Tango und Rumba vor. „Der Rumba ist der einzige

Tanz, der uns Frauen respektiert", sagt sie, „in ihm ist das Geschlechterverhältnis offen. Wer führt und wer sich ergibt, muß immer wieder neu ausgefochten werden und wird während des Tanzens nie endgültig entschieden. Der Rumba ist ein Tanz für souveräne Menschen. Erotisch, herausfordernd und respektvoll gleichzeitig." Wenn Ana dies demonstriert, mit ein paar Schritten und Bewegungen ihres Körpers, dann knistert es in der Luft. Anas Rhythmus erfüllt das Zimmer. „Der Tango ist ganz anders", sagt sie, „das Machtverhältnis ist von vornherein entschieden, der Mann ist immer über der Frau, ist Führer, Eroberer. Er bricht ihren Widerstand. Die Frau kann sich nur in diesem Verhältnis bewegen, wie erotisch und ästhetisch dies auch vonstatten gehen mag. Der Tango ist ein Tanz der Weißen", sagt sie.

Wir schauen uns mit Ana so manche Rede von Fidel Castro an, die Nachrichten, politische Sendungen und Kitsch. Ana gehört zu den Intellektuellen Kubas, die entschieden hinter der Revolution stehen, sie möchte sich dem Geist der Beliebigkeit entgegenstemmen, der sich auch in der Kultur seine Wege sucht. Sie möchte bei der Lösung gesellschaftlicher Probleme als Partnerin wahrgenommen werden, nicht als Objekt einer paternalistischen Führung.

Ob in Havanna, Pinar del Rio, Santiago de Cuba oder in einer anderen Ecke der Insel, es gibt an sechs Tagen in der Woche eine bestimmte Stunde am Abend, da erstirbt in Kuba die Kommunikation. Es ist die Stunde der *telenovela*. Stühle werden an den Fernseher gerückt, Nachbarn oder Freunde, die keinen eigenen Fernseher haben, finden sich ein und die Gespräche verstummen, wenn die Einleitungsmusik ertönt. Es laufen zwei *telenovelas* im Wechsel, die schlechtere, wenngleich bei vielen beliebt, ist eine brasilianische Seifenoper. Kabale und Liebe aus der brasilianischen Ober- und Mittelschicht in trivialster Inszenierung. Da laufen Bilder und Geschichten, die aber auch gar nichts mit dem Leben in Kuba zu tun haben. Die zweite Serie spielt im kreolischen Bürgertum des 18. Jahrhunderts, die Schwarzen sind noch versklavt. Die gegenwärtige Realität ist auch hier völlig abwesend.

Wieso schauen sich alle Leute jeden Tag so etwas an, fragen wir uns. Die Lehrerin und der Lehrer genauso wie die Bäuerin und der Bauer, die Jungen wie die Alten. Und warum wird diese Seichtigkeit täglich ausgestrahlt, wundere ich mich.

Roberto sagt verärgert: „Ist doch nicht so wichtig, oder glaubst du die kubanische Bevölkerung ist weniger revolutionär, nur weil sie die *telenovela* guckt?"

Elena sagt: „Es ist so eine schöne Gewohnheit ...."

Alicia und Miguel diskutieren über den historischen Stoff, Vilma findet die brasilianische viel schöner, weil soviel von Liebe und Leid darin ist. Ich weiß nicht recht, was meine Meinung und Erfahrung hier wert ist: Fernsehen in einem revolutionären Land muß doch avantgardistisch sein, muß Teil der Lösung sein, darf doch nicht ablenken, darf nicht leer und dumm sein. Ja, das sollte so sein, aber Kubas Kulturschaffen ist in einem ideologischen Loch, und im ökonomischen sowieso. Die Koordinaten sind weggebrochen. Eine Neudefinierung über das, was heute „Sozialismus in Kuba" ist, ist noch nicht gefunden. Kubas Intelligenz- und Kulturschicht unterliegt der ideologischen Verunsicherung wie andere

Schichten auch. In der Leere machen sich Bürokraten und Pragmaten breit, Gralshüter und auch Krisenverwalter, die nur in solchen Umbruchphasen mobil werden und den Durchbruch bei der Suche nach dem Neuen behindern.

Ana kann ein Lied davon singen. Seit Jahren versucht sie, eine Abendserie im Fernsehen unterzubringen, die den großen Umbruch zum Thema hat und deren Geschichten sich um die aktuellen brennenden Fragen drehen. Die Programmdirektoren und etliche Kulturverantwortliche aber mögen sich nicht rühren, wehren ab, was noch nicht fest oder nicht mehr fest von der gesellschaftlichen Führung definiert ist. Alles ist unsicher, also kann es auch gefährlich sein. Die Liebesschnulze, der Actionfilm, der anerkannte historische Stoff und die klassische Nummer haben dann den Vorrang. In den Buchläden finde ich keine Literatur, die sich mit der gegenwärtigen Politik befaßt, außer Fidel Castros Reden. Sie sind gut und wichtig, aber kein umfassender Ersatz für politische soziologische Literatur. Natürlich, die Papierknappheit ist problematisch, erklärt aber nicht alles. Ich höre, daß an den Universitäten sehr wohl nach sozio-politischen Strategien, nach einem kohärenten Gesellschaftsentwurf für die Zukunft, nach Neudefinierung revolutionärer Werte usw. gesucht wird. Aber sollten die Leute außerhalb der Universitäten nicht stärker an dieser Suche beteiligt werden?

Die kubanische Gesellschaft ist viel politischer und bewußter als die anderer Länder. Und sie möchte den Paternalismus ihrer Führung abschütteln. Die verschiedenen gesellschaftlichen Kräfte wollen emanzipiert teilhaben an den gesellschaftlichen Lösungen in ihrem Land. Die kubanische Zivilgesellschaft lehnt das politische System nicht ab, sie ist auch nicht von den Organen des Staatsapparates, der Regierung, der Partei zu trennen. In dem Viertel von Pinar del Rio, in dem ich wohne, sind nahezu alle Männer im CDR, den Nachbarschaftskomitees, und die meisten Frauen im FMC, der kubanischen Frauenorganisation. Viele sind bei der Miliz und die hat in der Gesellschaft einen respektierten Platz. Ist es nicht erstaunlich, daß nach vier Jahren schärfster Versorgungskrisen der Konsens der Bevölkerung mit ihrem politischen System, mit ihrer Regierung mehrheitlich nicht gebrochen ist? 40.000 Kubanerinnen und Kubaner sind 1994 in die PCC, die kommunistische Partei eingetreten. Eine offizielle Meinungsumfrage Ende 1994 ergab folgendes: 69% bezeichneten sich selbst als revolutionär, davon definierten sich 21% genauer als Kommunisten, 58% fanden, daß die Errungenschaften der Revolution weit wichtiger sind als deren Mißerfolge, 88% waren „stolz, Kubaner zu sein". Eine organisierte Opposition, die nicht reaktionär ist, gibt es in Kuba nicht. Unsere Angst und Verzagtheit, wie Kuba mit dem ungeheuren Druck der Umgestaltung und den Sumpfblüten, die darin gedeihen, fertig werden kann, ist manchmal so groß wie unsere Liebe zum revolutionären Projekt. Dabei sehen die Kubaner und Kubanerinnen selbst alles viel lockerer und den Wandel ihres Landes überhaupt nicht als „Ende der Revolution". Rosa, Charlotte und ich sehen überall Gefahren für ihre revolutionären Seelen, aber sie sagen: „Laßt uns nur machen, ihr werdet schon sehen, wozu wir noch in der Lage sind."

Enrique ist Erziehungswissenschaftler. Erstaunt hörten wir ihn sagen: „Die Niederlage des sozialistischen Lagers und der Sieg des Neoliberalismus sind eine historische Notwendigkeit." Wir waren verblüfft und mit einem lachenden und einem weinenden Auge diskutierten wir unter uns diese „historische Notwendigkeit". Rosa verabscheut solche theoretischen Konstrukte, ihr Anarchistenherz wehrt sich gegen alles, was nach geschichtlichem Zwang riecht.

„Ich kenne nur eine Notwendigkeit", sagt sie, „immer wieder für eine menschliche Welt zu kämpfen, sich immer wieder dafür oder dagegen zu entscheiden. Das haben die Menschen immer getan und das werden sie weiter tun. Wie das aber läuft, ist nicht berechenbar, Geschichte ist nicht berechenbar."

Ich erwidere: „Historische Unvermeidlichkeit wäre richtiger, in dem Sinne, daß historische Prozesse aus gesellschaftlichen Kräften und Kämpfen rückwirkend nicht umkehrbar, nicht korrigierbar sind. Diese Prozesse bringen Ergebnisse hervor, die zu bestimmenden Realitäten werden. Aber was heißt das schon für uns! Realitäten werden durch neue Realitäten aus der Welt getrieben. Eine Niederlage entbindet uns nicht von der Verantwortung weiterzukämpfen."

Charlotte sagt: „Historische Notwendigkeit! Wie will die alte Generation der Revolutionäre das ihren Nachkommen erzählen. Die werden doch sagen: Warum habt ihr denn die Revolution gemacht, warum sollen wir denn noch kämpfen, wenn doch alles eine historische Notwendigkeit ist."

Wir verabschieden uns nach drei gemeinsamen Wochen in Kuba. Drei Frauen, mit sehr verschiedener Herkunft und Sozialisation. Was uns zusammenbrachte, sind die Verbindungen zur revolutionären Geschichte unserer Generation. Wir sind Aktivistinnen des revolutionären Aufbruchs, geprägt von seiner Radikalität und seiner Hoffnung. Jede auf ihre Weise. Und wir sind die Verlassenen. Verlassen von unserer Geschichte, unserer Wahrheit, der Gleichheit, der Gerechtigkeit, der Freiheit. Von all dem, wofür wir die Waffen genommen haben und wofür schon manches Haus gebaut war. Die Realität hat alle unsere Träume einfach sitzen lassen. Überall. Die vielen schweren Kämpfe in der ersten Hälfte des Jahrhunderts, die Kriege, Aufstände und Rebellionen in der zweiten. Nicaragua! Die jüngste, heißgeliebte, bildschöne Revolution. Abgewählt ...! Von der Niederlage unserer eigenen Umsturzversuche ganz zu schweigen. Wer ist da nicht verzweifelt und fragt nicht, was der Traum von der Würde und Freiheit der Menschen wirklich zählt? Am Ende unseres Jahrhunderts jedenfalls ist das Erwachen bitter und die Verlassenheit groß. Und glauben wir nun, all das, was uns im Stich gelassen hat, hier in Kuba gut vertäut wiederzufinden?

Unser Blick richtet sich immer in einer Weise auf Kuba, als verlangten wir von hier alles zurück, was der Gang der Geschichte uns genommen hat. Wir suchen es überall und sind glücklich, wenn wir es finden und entsetzt, wenn wir es zu verlieren glauben. Da beweinen wir unsere Enttäuschung und fürchten den Tag, an dem wir Kuba nicht mehr lieben können. Wir verlangen von Kuba, daß es dort weitergeht, wo noch niemand weitergekommen ist. Ist das gerecht?

Unsere Blicke sind verschieden in der Intensität und

Interpretation, aber nicht in der Intention. „Komm nach Montevideo“, lädt Rosa mich ein.

Montevideo, eine Stadt ungleich Havanna, mit krasser sozialer Hierarchie, voller politischer und sozialer Spuren der jüngst vergangenen Kämpfe der uruguayischen Guerilla, voller Reste aus revolutionären Träumen, voller Nostalgie. Ein Ort des politischen Erfahrungsaustauschs und Nachdenkens zwischen den ehemaligen bewaffneten Gruppen aus Europa und Lateinamerika.

Abschied?

Als ich diese Reise nach Kuba antrat, wußte ich nicht genau, warum ich dahin wollte, worum es mir ging. Es gibt so viele gute Gründe nach Kuba zu fahren und natürlich hatte ich diese auch alle: die Schönheit und Intelligenz der Menschen, die revolutionäre Geschichte, Solidaritätsarbeit zu machen, Neugier auf Neues usw. Dies alles reicht wirklich schon aus, um loszufahren. Aber unter all diesen Gründen lag noch ein anderer, ein Urgrund, ein Urinteresse. Das entdeckte ich aber erst in den langen Reflexionen, die diesem Büchlein voraus- und mit dem Schreiben einhergingen. Ich wollte für mich herausfinden, ob die Leute noch an ihre Revolution glauben, ob die kubanische Führung noch ernsthaft nach einer revolutionären Lösung aus dieser Zwangslage zwischen Sozialismus und Kapitalismus sucht. Revolutionär ist heute schon die Suche nach einer eigenen Zukunft. Kuba sucht einen neuen Weg, einen eigenen, und beugt sich nicht dem augenscheinlichen Gebot der Unterwerfung, um zu überleben. Der „Dritte Weg“, den die kubanische Gesellschaft sucht, beginnt seine

Suche auf der Grundlage revolutionärer Erfahrungen, revolutionärer Errungenschaften und einer schwer erkämpften Souveränität. Die Ernsthaftigkeit dieser Suche garantiert noch lange keinen positiven Ausgang des Kampfes, sie schließt auch unvermeidliche Irrtümer, falsche Entscheidungen und Schritte ein, aber sie berechtigt zu Hoffnungen und gebietet Solidarität.

Wer mit Kuba nicht solidarisch sein kann, dem unterstelle ich, keine Liebe, keine Leidenschaft, keinen Willen zum Widerstand gegen die imperialistische Weltordnung zu haben, sondern sich ihren Kategorien ergeben, unterworfen zu haben. Ich meine, Kuba ist keine Angelegenheit von Ideologie, wenigstens nicht als erstes und nicht jetzt. Es ist eine Angelegenheit des Herzens. Der Herzen, die das Projekt aus der Sierra Maestra nicht aufgeben können: den freien solidarischen Menschen möglich werden zu lassen. Solange Kuba sich nicht selbst aufgibt, hat es uneingeschränkt unsere Solidarität verdient und das heißt nicht, daß wir die Augen verschließen müssen vor den Verwerfungen im Überlebenskampf. Utopien überleben nicht, wenn sie unter die Seziermesser derjenigen geraten, die keine Utopien kennen. Kuba ist auch jetzt noch, trotz seiner Verunsicherung, trotz seiner Probleme, solidarisch. Solidarität heißt, sich zu sorgen, mitzuleiden, mitzuhelfen, mitzudenken, nicht nur materiell, vor allem auch durch politische, moralische Nähe zum revolutionären Projekt, ohne die jede materielle Hilfe nur Caritas ist. Sicher braucht Kuba jetzt auch Caritas, aber damit wird es nicht überleben.

Kuba, entstellt zu einer „Demokratie" nach westlichen Werten und Nützlichkeiten, eingereiht in die stimmlosen Länder Lateinamerikas, eingereiht in das Elend und die Brutalität des Südens, ist nicht mehr der Stern unterdrückter Völker, ist nicht mehr das Beispiel einer Alternative, sondern nur noch eine schöne Insel mit schönen Menschen, die mit dem Verlust ihrer Souveränität auch ihre Schönheit verlieren. Kuba hat es nicht verdient, daß wir es den „Menschenrechtspolitikern" überlassen. Jenen, die dieses Schlachthaus, das sie „globale Welt" nennen, betreiben, in dem Kuba verwurstet und verkauft werden soll, wie alles, was einen eigenen Geschmack hat.

Es gibt so viele Lügen über Kuba. Sie forderten mich heraus, ihnen mit meinen eigenen Wahrnehmungen entgegenzutreten. Drei Monate war ich in dem Land unterwegs und habe in verschiedene Fenster geschaut. Ich weiß selbstverständlich, daß ich nur kleine Ausschnitte aus den Räumen der kubanischen Gesellschaft sehen konnte. Ebensowenig habe ich die Komplexität des täglichen Lebens umfassend erkennen können. Vor allem habe ich nicht den Stimmen der kubanischen Dissidenten zugehört, aber auch nicht den offiziellen Verlautbarungen der Funktionäre. Von den Leuten dazwischen habe ich meinen tiefen Eindruck von Kuba gewonnen: Ich empfinde das Land widersprüchlich und doch im Einklang, verschwenderisch im Genießen und Geben trotz materiellem Mangel, grenzenlos optimistisch und auch fatalistisch, vorwärts denkend und doch verharrend. Beseelt von der gesellschaftlichen Gerechtigkeit, die von der Realität schmerzhaft beschnitten wird. Kuba müht sich, seine schöne revolutionäre Seele nicht aus dem neuen hermaphroditischen Körper fahren zu lassen. Es leugnet die Identitätskrise und ist doch mitten in der

Anstrengung aus ihr herauszufinden. So viele Spatzen in Europa pfeifen das Lied von den Dächern: „Die Revolution in Kuba ist tot“. Ich kann das nicht bestätigen. Sie ist mir oft begegnet, wenn auch mit einem tiefen Schatten von Bedrohung. Sie lebt in der Lebensphilosophie und Lebensfreude der Leute, in ihrer Solidarität, ihrer Kreativität, ihrer Stärke und Opferbereitschaft bei der Bewältigung der gegenwärtigen Krise.

Selbst wenn die kubanische Revolution vollständig gestoppt und besiegt werden sollte, wird Kuba der mutigste, würdigste Verlierer sein unter allen besiegten sozialistischen Ländern. Es wird auch als Verlierer ein Beispiel sein für den weiteren Verlauf der Befreiungsgeschichte. Kuba hat es verdient, so geachtet, gewürdigt und geliebt zu werden, wie die unterdrückten Völker des Südens es tun, für die Kuba immer noch Hoffnung und Beispiel ist.

Glossar

Ajo Knoblauch

Arbeiterparlament Versammlungen der Betriebsbelegschaften, die bei einschneidenden Maßnahmen zusammengerufen werden

Black Box umgangssprachlich für Schwarzmarkt

Calabaza Eine Kürbisfrucht. Sie wird in Kuba als Gemüse verwendet.

Carajo umgangssprachlich: den Bach runter gehen, vor die Hunde gehen

Casita Häuschen

CDR Comité de Defensa de la Revolución, Komitee zur Verteidigung der Revolution, eine 1960 geschaffene Basisorganisation, die in den Wohngebieten propagandistische, überwachende Funktionen wahrnimmt. Heute mehr und mehr zur Abwehr der wachsenden Kriminalität eingesetzt. Alle CDR-Mitglieder müssen im Wechsel nächtliche Streifen durchführen.

Cuba si Arbeitsgemeinschaft der PDS zur Solidarität mit Kuba

Cucaracha Kakerlake, Küchenschabe

FMC Federacion de Mujeres Cubanas; kubanischer Frauenverband, hat bestimmenden Einfluß auf die Frauenpolitik. Mehr als 80% der über 14-jährigen Frauen sind in ihm organisiert.

Frank País Revolutionärer Studentenführer, er organisierte den politisch-militärischen Kampf gegen das Batistasystem in den Städten. Frank País wurde am 30. Juli 1957 in eine Falle gelockt und ermordet.

Frei Betto Brasilianischer Dominikaner, Vertreter der Theologie der Befreiung. Frei Betto führte 1985 mit Fidel Castro Gespräche über Sozialismus, Christentum, Befreiungstheologie, die in dem Buch: „Nachtgespräche mit Fidel", Edition Exodus, veröffentlicht sind.

Frioles Bohnen

Gracias Danke

Granma Name der Motoryacht, die am 24. November 1956 mit 82 Männern, darunter Fidel Castro und Che Guevara, von Mexiko nach Kuba in See stach. Nur zwölf überlebten die Landung auf Kuba und schlugen sich zur Sierra Nevada durch. Von hier begannen sie den Guerillakampf zum Sturz des Batista-Regimes. Außerdem wichtigste kubanische Tageszeitung.

Habana vieja Altstadt von Havanna

Jineteros Reiter, Aufreiter; so werden die Männer und Frauen genannt, die sich den Touristen zu Diensten anbieten, ein verhüllter Begriff für Prostitution.

Libretas Staatliche Lebensmittelkarten

Macetas Geschäftemacher, Abstauber

Maria Lopez Vigil Kubanische Publizistin, Chefredakteurin der nicaraguanischen Zeitschrift „Envio". Sie veröffentlichte in der Ausgabe Nr. 159 im Mai 1995 einen Artikel über derzeitige Entwicklungsprozesse in Kuba.

Marzahn Neubaugebiet im ehemaligen DDR-Teil Berlins

Mogotes Steil aufragende Felskegel, älteste geologische Formation Kubas.

Mojito Beliebtester kubanischer Cocktail aus Rum, frischer Minze, etwas Zucker und Mineralwasser

Niño Junge

Padre de la Patria Vater des Vaterlandes

Perioda especial Gesellschaftlicher Ausnahmezustand, wurde in Kuba nach dem Zusammenbruch des sozialistischen Lagers ausgerufen, als die ökonomischen Beziehungen wegbrachen und die Blockade der USA verschärft wurde.

Pollo frito Gebratenes Huhn

Presente Anwesend

„Queremos que sean como el Che y Fidel“ Wir wollen, daß ihr werdet wie Che und Fidel.

RGW ehemalige Wirtschaftsgemeinschaft der sozialistischen Länder

Santera Eingeweihte, Geweihte, Priesterin

Ultimo Letzter

Vaqueria Wörtlich übersetzt: Kuhstall; in Kuba bedeutet es: Rinder- und Milchwirtschaft.

Son Kubanische Lied- und Tanzform, die aus der Verschmelzung kolonialer und afrikanischer Elemente entstand. Charakteristisch ist die dominierende Rolle der Percussionsinstrumente.